特別感謝

感謝熱心國文教育的：

搶救國文教育聯盟

新北市立中和高級中學英文老師　黃素端

臺北市立中山女子高級中學退休國文老師
搶救國文教育聯盟執行長　李素眞

以寶貴的智慧精華，帶給我們優美又富含寓意的詩文，
您們不藏私的付出，增添知識的美感，是本書至高的福氣。

如果李白來上統計學

每天五分鐘，用詩畫參透統計學的核心概念

The Tao of Statistics: A Path to Understanding (With No Math)

Dana K. Keller

Dana K. Keller 著
杜炳倫 譯

五南圖書出版公司 印行

SAGE www.sagepublications.com
Los Angeles • London • New Delhi • Singapore • Washington DC

致謝

感謝對本書提供協助的夥伴：

Amy Eutsey、Diana Foley、Frank Funderburk、John Montroll以及Bill Naylor，細心閱讀第一版並提供建議。

Camille Z. Charles, University of Pennsylvania; Joan Engebretson, School of Nursing, The University of Texas Health Science Center at Houston; Rashmi Gupta, School of Social Work, San Francisco State University; and Erica Watson-Currie, Annenberg School of Communication and Journalism, University of Southern California. 這些聖哲（SAGE）出版社的審閱者，提供改進本書的洞見與方向。

Margot Kinberg對我的支持、批評，以及多年來的友誼。

我的孩子：Zachary讓我領悟，學習可以有不同的路徑，而這啓發了本書的寫作；Jason幫助我理解，用藝術來了解事物的途徑，而這爲本書帶來了生命。

最要感謝的是我的太太Mary Lou，我對她的愛溢於言表。再給我一次選擇的機會，我會毫不猶豫地再次與她結爲連理。

插畫

Helen Cardiff是一名藝術家與插畫家，住在美國馬里蘭州Chesapeake東海岸。在美國、加拿大以及歐洲，她的作品在每年的公眾展出以及私人藝廊的收藏上，都頗受好評。她把道學與藝術修養融合在一起，給本書的各個主題灌注了新穎的洞見。可以透過電郵（cardiffhelenart@gmail.com）連絡到她。

作者

Dana K. Keller博士鑽研道學與其他東方哲學已經將近五十年，以雲遊至中國教學作爲他自我探索的途徑。他擁抱兩個非常不同的世界，一個是西方的科學求知法，一個是東方較爲平衡的生活經驗取向。在本書裡，他告訴我們這兩個世界能夠和平相處，並且彼此互利。他的PhD是測量、統計與計畫評鑑。身爲德拉瓦（Delaware）大學評鑑專家小組的特許成員，並指導了超過100篇博士論文之後，他成爲Delmarva健康照護基金會的首席統計學家。工作了七年之後，聯邦醫療保險和聯邦醫療輔助計畫服務中心（CMS）提名他爲全國醫療機構的重要人力資源，推薦他解決複雜抽樣與研究議題的能力。他用平民語言解釋統計與方法學構念的獨特能力，使他成爲公眾衛生領域裡的技術專家和解說常客。現在是幸福美好研究顧問公司（*Halcyon Research, Inc.*）的總裁，他努力不懈地向更廣闊的群眾解釋統計概念。可以透過電郵（dana@halcyonresearch.com）連絡到他。

譯者

杜炳倫（M.Ed., University of Idaho）爲資深教師，美國愛達荷大學課程與教學碩士，美國田納西大學諾克斯維爾校區（University of Tennessee, Knoxville）應用教育心理學博士班。赴美留學期間，有幸於田納西大學校長講授獎學者暨美國教育研究協會主席——史凱樂・哈克博士（Dr. Schuyler Huck）門下學習。曾榮獲田納西大學教育・健康・人類科學學院，特拉維斯・霍克（Travis Hawk）學術傑出獎。其英文著作〈百分位數與百分等級（Percentile and Percentile Rank）〉被收錄於美國聖哲（Sage）出版商所發行的《測量與統計百科全書（Encyclopedia of Measurement and Statistics）》。中文著作有《上學的代價》。長銷譯作《解讀統計與研究》，拯救了無數研究所學生，並且廣爲兩岸四地各大學圖書館所收藏。熱銷譯作《34個讓你豁然開朗的統計學小故事》廣受好評。譯作《一位耶魯大學教授的統計箴言》是研究所的必備教材。經營的統計教學網站，資源豐富，無惑不解。平時喜好從事有益於身心健康的各項活動。

譯者網站：http://mypaper.pchome.com.tw/readingstatistic

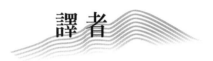

二版序

對大部分的人們而言，隨著大學的必修課程，統計的概念剛開始是一個黑暗的數學惡夢，然後被視爲一個永遠的弱點。爲何？答案眞的是難以置信地簡單：統計被教授的方式並非大多數人的學習方式，包括6-12年級核心課程標準領域裡的統計與機率教學法。大部分的人能輕易地透過印象與經驗來學習，也就是生活的質性面，而非透過數字與等式，也就是量性面。本書表明，統計的基礎概念也能夠透過印象與經驗而習得。簡言之，不需要具備計算統計的能力，也能了解統計的意義與價值。

統計幫助我們理解引人入勝的議題與問題。本書是一個旅程，路途指向關於這個世界的迷人觀點。關於這個世界的統計觀點指出，知識既非確定也非隨機。統計的描繪是一幅蠟筆畫。統計包含稀少極端的訊息，但中庸之道被執行。本書鋪下了理解這個世界的道路。這條道路帶領我們觀察生活裡的微妙模式，而這在以前是覺察不出來的。

世界已經改變。幾十年前，只有相對一小撮的人們能夠計算與詮釋統計，以便應付社會的需求。現在，反常地，只有一小撮的人們需要知道如何計算統計，因爲計算可以交給電腦。這同時是福也是禍。然而，大部分的我們需要知道統計之於工作、社群、孩子的測驗分數，甚至是娛樂的意義。特別是現在的年代，我們日常生活中的大數據，影響了政府、金融、通訊、醫療、保險以及行銷，這些海量訊息包羅萬象，從我們喜歡吃的東西，到最愛的顏色、花朵以及景點，樣樣具備。

然而，現在有更多需要了解統計在何處與如何被使用和發展的人們，傾向以一種更質性的方式（與幾年前的統計學家相較之下）學習統計。這個關鍵差異被統計學教科書的作者們嚴重地忽略。不管學校或學術領域的威望如何，統計教學幾乎都是透過公式，不斷地讓學生傷腦筋。這個傳統苦差事的重點是什麼？顯然，這是期望反覆灌輸能帶來統計的直覺理解力。但有任何證據支持這個期待的結果嗎？換言之，我們有活在一個集體具有統計直覺理解力的國度裡嗎？我並不如此認爲。更可能地，我們活在一個恐懼與懷疑統計的國度裡。事情不必變得如此。

本書透過詩文、插畫以及伴隨的內文，把經常遇見的統計術語和技術介紹給讀者。沒有使用公式，卻能了解每一個概念，並且不需要做數學。

這個旅程帶領我們經歷一系列的經驗、印象，有時候是情緒。當我們追尋兩位研究導向專家的路途，而他們各自的職涯與統計產生互動的經驗被呈現在此處時，這些經歷幫助我們深入理解統計世界。試著與他們一起經歷這些概念，一起散步在這條路途上。然而，在開始這個旅程之前，了解一些關於統計的想法是有所助益的。

- 統計扮演了過濾器的角色。它們聚焦我們的視野，幫助我們看穿迷霧。在這麼做的同時，它們也避免我們看見其他已經在那兒的東西，也要注意什麼被過濾掉了。
- 你並不需要知道如何計算統計，就能了解統計要告訴你的事。
- 對大多數的事物而言，平均並不存在，它們只是概念。不存在一個眞正平均的人，平均只是個協助理解的概念。
- 統計的其他部分也並沒有比平均眞實多少。不管一項統計聽起來如何地專業，它仍然只是一個可以被理解的概念。

- 統計的世界，在技術上已經變得相當複雜。當某人弄出一個你從沒聽過或看見的統計值時，請他說說這是做什麼用的，並請他舉一個能展示其用處的實例。
- 概念領向理解。體會統計的概念，促使我們發展與深化我們對統計的理解。

要美好地經歷這趟旅程，請穿著舒適，坐上一張你最愛的椅子，並待在一處安靜的角落。

別急
深沉且緩慢地呼吸
放鬆
讓世界掠你而去

在每個章節裡，試著接受來自於每篇詩文與插畫的印象。接下來，當兩位專家使用統計於他們各有專才的工作時，試著跟上他們的腳步，在他們的角度思考。然後，再讀一遍詩文，暫停一下，再看一遍插畫，加深你對概念的理解，並且幫助你建立長期記憶。

最後，準備接受顯著的改變。透過統計之眼，生活不再跟以前一樣。它變得更可以預測，但較少決定性。通常，人們能夠逐漸在一片混亂當中，看出浮現的模式與關係。

如果你享受這段旅程，你可能也會重視統計背後的數學。數學豐富了統計即生活的觀點。它的精確性是謙虛且有趣的，特別在當結論來自於少量數據時，以及許多必要的訊息就是不出現時。

譯者序

教學一開始是質性，後來的評量就走向量性。有著質性深度的教學，不能說對學生的量性表現沒有幫助；略過質性的教學，卻可能導致糟糕的量性學術表現。

統計教學如果一開始就偏向量性，很可能會把學生推向「討厭統計學」的境地。原因有二：(1)統計學的計算與公式，眞的會讓非數學系的一般學生望而卻步；(2)統計概念並不這麼適合以標準化測驗來檢測。會計算、會考試，不代表會應用統計於工作和生活當中，但這就脫離了統計學的初衷。那麼，花了那麼多的時間上統計課的意義何在？

意義很重要，人生有很多時候並不會照著數學公式走。用獨立樣本*t*-檢定得到兩組（例如：服藥組與安慰劑組）具有差異的結果，會讓人誤以爲服藥組就全部贏了，忽略了這只是平均數贏了，還有一些是沒有輸贏的。甚至，平均數這個數學概念，很多時候找不到眞實樣本的對應值。如果缺乏意義的表徵，一分努力一分收穫這句話，就很可能變得沒有價值，因爲「一分」這個量値，很多時候並不符合現實。

爲了讓統計教學深入現實面，本書用感性的詩文與插畫，先喚起讀者的質性思維。套用深層心理學（Depth Psychology）的話語，就是讓潛意識的力量協助意識面，再來搭配簡潔的解釋內文，讓讀者能夠短時間裡反覆咀嚼統計的意義。使潛意識與意識互相交織，進而產生見解。

單看一張插畫，或一起看插畫與詩文，可能當下不會有什麼深刻領悟。這時候，請讀者不要著急，放輕鬆，繼續瀏覽後面的章節。漸漸地，你會突然發現，原來插畫有前後關聯性（例如：28至30章）。此刻，你會對這幾章的內容，有著圖畫式的深刻理解。這感覺就好像當你遍尋不著家門的鑰匙時，先靜下心沉澱一下，突然之間，鑰匙就出現在你的視野當中。這又讓我回想到了，當初在美國留學時，教育哲學教授的奇特教學。他在每次課堂正式開始前，都要詢問一個似乎是天外飛來一筆的問題，雖然這些問題與教育哲學專業知識沒什麼關係，而就是這些問題，啟發了我的學習創造力。

有了見解之後，對統計的興趣隨之誕生。有了興趣，就會想要深入學習。這時，你會需要一本有點厚的基礎統計學教科書，一本可能也不薄的進階統計學教科書，以及一點點的實務經驗。你可以挑有興趣的主題深入學習，不用太拘泥教科書的順序。有時候，一步登天或按部就班的學習模式，可能都不適合自己。

然後，你漸漸接觸了統計的複雜公式，或許這時候，你已經不排斥多少理解一點統計公式所要告訴你的機制。所以，你會想要把質性陳述與量性數值結合在一起，用科學化的表徵來宣告自己的眞知灼見。於是，你寫下了這樣的陳述：

統計興趣=0.8（*The Tao of statistics*）+ ε

願展讀愉快！

杜炳倫

2019

目錄

01 開始——問題

迷茫天地間
無清楚界線
不見邊際點
聚焦是關鍵

The world is hazy
No clean lines or sharp points
Focus the camera

統計的世界以一個問題作爲開端。統計技術這麼多樣化，是因爲問題種類繁多，任何事都可以成爲一個問題。問題可以發生在各種不同的條件下。這些多樣性的問題，需要同樣多樣的統計技術來回答。

統計需要數據，數據來自於測量。重要問題的優質答案需要良好的數據測量值。好的測量是明確的，而透過這個明確性，會產生啟發性。如果選擇的測量值並沒有直接闡述問題，那麼統計會變得沒有意義，因爲喪失了背景。

當統計分析的是人們在意的重要事物時，統計就變得重要。在本書裡，我們看看兩種不同職業的專家，怎麼運用統計概念來回答他們工作上所遇到的問題。一位是高中校長，面對的是教學品質的問題；一位是公衛中心主任（the director of public health），要知曉居民怎麼達到公衛議題的國家標準，像是免疫接種，尤其是那些接受醫療補助的個體。

對統計的詮釋層面而言，職業與相關領域的特定關注面，其實不那麼重要。**重要的是適當的數據被符合背景的統計技術所使用，並以能詮釋的方式闡述重要的問題**。事實上，我們可以看到，雖然兩種職業的研究對象不同，但使用的數據與統計議題頗爲類似。針對不同領域與問題所進行的統計程序，幾乎沒有什麼差別。

統計的世界肇始於一個問題，而非數據。問題的品質與數據的品質大大地影響了結果的品質。這並不意外，因爲糟糕的開始當然不會帶來好的結果，但如果一個優質的研究並沒有優質的問題，這就讓人相當意外了，因爲劣質的問題通常導致不清楚的結果。

02

含糊性——統計

所知實不足
只夠做猜測
推測有根據
統計於焉生

Not enough to know
Just enough for a better guess
Statistics are born

統計藉由量化來駕馭含糊性（稍後會一再提到的觀點）。在統計的世界裡，如果不存在含糊性，也不需要去猜測，我們就使用**母體參數**[1]（population parameters）。哪裡有含糊性，哪裡就有**樣本統計量**[2]（sample statistics）。這些術語被簡稱爲**母數**與**統計量**。所以，統計是一種有根據的猜測。雖然很長的公式與很炫的希臘字母，代表了不可一世的資質，但它們不過是用來猜測的工具罷了。

樣本具有抽樣誤差（sampling error）。所有的統計都開始於樣本，並且具有不同數量與種類的抽樣誤差。樣本甚至可以是**時間的樣本**[3]，但必定是你希望從一個更大母體裡得到統計值的樣本。因爲要測量母體裡的每一個人或每一件事所費不貲，所以我們會在學術界專業領域以及日常生活裡看見統計。

當被適當地表達時，統計的結果很難證明爲誤，因爲它們沒有包含絕對的語言。對那些想要以嚴格的對或錯來分類結果

---

1 譯注：雖然「母體參數」為常用譯名，但若譯成「母體母數值」與「母體」呼應或許更清楚，提供給各位讀者參考。

2 譯注：為與「母體母數值」搭配學習，原譯「樣本統計值」。後來改為常用譯名，讀者可斟酌參考。

3 譯注：例如：在3小時裡，每隔15分鐘觀察一位兒童30秒。有興趣的讀者請利用網路，搜尋英文關鍵字「time sampling」。

的人們而言，這種與生俱來的含糊性實在令人感到沮喪，尤其是當好不容易跑完數據分析之後。對這些人而言，統計無法提供方便。統計只能提供具有系統根據的猜測，不論此猜測有多麼謹慎。

這個世界以統計來運作，或至少以統計訊息作爲運作的基礎，這種說法並不誇張。隨著大眾傳播愈來愈深入我們的日常生活，人們想要了解統計的需求也愈來愈大。爲何？因爲統計被用來回答人們的問題，而回應的答案（透過電視、收音機、報紙等等）使用統計作爲證據。請記住，研究需要樣本，而樣本產生統計。

在日常生活裡，我們經常不自覺地使用了統計。開車時，我們預測是否能撐到下一個加油站，奠基於我們對路況的了解、正常汽油里程數（確實是一個統計議題）以及如果走錯路會不會用光汽油。不開車的人也同樣在進行統計上的預測與決定，像是要準備多少現金以應付週末的活動。

如果我們遇見一位高中校長，我們會看見他手上有著能闡述各種與學業和社會問題有關的數據。他的問題主要關於學生目前的學業成就，而其中一些比較具有前瞻性。他想要使用他的數據來爭取預算與活動，並且指出目前的問題以博取立即的關注。他想要讓大家知道，他使用科學與統計來專業化他的職業生涯，因爲他想要在未來成爲一名駐區督學。

這位校長把他手上的數據都視爲樣本。他想要泛論結果至其他的班級與年份。二十年的學校生涯告訴他，每一年班級的改變並不大。對他而言，統計比採取一個更加堅定的立場更安全。他想要用統計作爲量化含糊性的科學方法，而這意謂著他的答案也或多或少會具有含糊性。

公衛中心主任能夠接觸廣泛且具有代表性的樣本，進而來闡述她的問題。雖然她的問題能夠經由州立電子資料庫來回答，然而人們會因爲各種原因而失聯，因此會有缺失的數據。然而，她的數據與其他種數據比較起來，還是很具有代表性的，並且很可能具有年復一年的一致性，即使具有未知來源的偏誤。有鑑於年復一年比較的重要性，以及覺知人們進出醫療補助計畫的需要，她相當滿意手上數據的代表性、完整性（相對於缺失數據）以及全面性（能夠取得闡述重要特徵的測量值）。對她而言，含糊性帶給她在檢定不同假設時所享有的自由，這些假設來自於公衛政策的改變所帶來的可能衝擊。她花了很長的時間才在這個男性主導領域得到專業的信任，而她小心使用統計方法的職場策略，維護並擴展了她在此領域的領導力。平價醫療法案（Affordable Care Act, ACA）的頒布，使得她需要調整她的政策，以便容納政府額外提供的醫療福利。人群與政策的改變，爲她的工作蒙上一層不可預知的面紗。

確實，含糊性是通往統計知識殿堂的一種關鍵概念。系統裡的含糊性意謂著沒有一種已知的解決方法是完美的。什麼是最佳的解決方法？有著最少的錯誤或最簡潔嗎？什麼樣的數據是可得的？它們的品質如何？需要判斷的事情很多，決定由此而出，挑戰並不在於這個統計方法是否是最正確的，而是最少錯誤的！怎麼做？藉由銳利的問題，直達統計研究法以及數據本身的核心。

整體而言，統計具有不確定性。這樣說來，統計工作變得比較像是智力方面的挑戰。所以，關注統計的基礎，尋找裂縫在哪裡，了解那些大廈基石的裂縫可能意謂著什麼。一起微笑著體驗統計觀點的世界吧！

03 飼料——數據

觀察驅動好奇
好奇引發問題
紀錄明確測量
擁有更多數據

Observe
Record
More

我們所聽、所看、所聞、所嚐、所觸等等，都可以成爲數據。我們所理解領會的，甚至也可以成爲數據。簡言之，如果能夠被感知，就能夠被編碼並且成爲數據。

數據是測量的飼料、統計的骨血。透過背景，數據轉變爲資訊。背景融合了主題的具體知識，蒐集數據的方法學，以及用來導出意義的統計。用一些無反映、無關緊要的數字（例如：數據），產生其他脫離背景的數值，是統計的誤用。這些結果不具有效度（validity，稍後會詳述），會導致劣質的決定或無效的政策，而最後被責備的卻是統計。若想要變成有用的資訊，良好的數據要放在相關的背景裡。

相關的背景指的是能導出相關意義的參考架構。要知道某物是大是小，需要知道**跟什麼比較**。藍鯨與地球相比是小的，螞蟻與原子相比就變得超級巨大。比較的參考架構對許多類型的知識很重要。統計裡存在幾種類型的參考架構，如我們即將所見的。

數據的一個簡要面：數據（data）是複數。正確地說，數據是從背景轉換而來的訊息。數據的單數英文稱爲datum。不過，最近的英文字典已經逐漸接受data也能代表單個數據的用法。

現代資料庫能夠容納大量的資訊——一個讓人想到就全身發抖的數量。高速電腦需要好幾個小時才能把數據執行完一遍。人口普查數據現在已經能從網際網路上取得。從高爾夫球比賽得分，到即時股票價格，數據圍繞著我們，就如同海洋圍繞著魚。數據無所不在，太常見以致於我們甚至不會注意到。

這就是統計開始形成的地方。好奇誕生了問題，創造了數據的需求，數據來自於有意義的測量。我們張開眼睛發想問題，並且感知背景豐富的數據爲可能的答案。結果的語調與實質會不同，端看我們如何發問、我們如何尋找與處理數據，以及我們如何把結果放在有意義的背景裡。即使有著最公平無私的意圖，無意識偏誤能夠潛入甚至是最棒的研究設計與程序。在稍後的章節裡，我們會一再地觸及到這個要點。

高中校長擁有已經電子化的學生記錄，這意味著他的數據蒐集工作不會所費不貲。擁有已經電子化的學生記錄，也意味著校長能夠存取各式各樣的學生訊息。多年來，學校系統一直在蒐集學生的人口統計學（demographic）數據。高中校長也有進行調查研究的經費。雖然他並不是一位初任的校長，但可獲得的電子式數據範圍著實讓他有點吃驚。當他以前必須從辦公室裡，從學生實體檔案取得數據時，他的「研究」問題相當審慎與節制。現在，他只要使用一下滑鼠，就能無數次地得到大量的數據，他變得更具有自省能力，也較不衝動，比較不會像以前那樣「只是在執行數據」。

公衛中心主任能夠存取整個州的電子化醫療訊息，自從

2014年平價醫療法案實行以來，這些訊息又擴增了許多。如果州政府需要，她會被授權去執行一項有限度的調查。她能取得的個人訊息會少於高中校長，但個體數量卻大得多。當她存取數據庫時，她總是拉出具有高度細節的數據（即disaggregated）。她知道她總是能夠在稍後整合（collapse，即aggregate ）數據，而非不能。

擁有大量民眾的數據以及使用電腦的能力，使她能夠處理近幾年沒有被回答的重要公衛問題。就如高中校長現在能夠存取比以前更多的訊息，公衛中心主任也比幾年前有著更多的存取量。她現在已經習慣了這樣的數量，並且開始了解數據的力量與限制。

高中校長與公衛中心主任，同樣都面臨著個人數據隱私權的議題，由於健康保險隱私及責任法案（簡稱HIPAA）的關係，公衛中心主任面臨著更多的監督。校長建立了良好的協定來處理這個議題，但主任發現她幾乎每年都要更新協定。請記住，數據隱私具有道德及法律上的立場。存在道德與法律所期待的過程與常規，這些注意事項也要定期更新，以便迎合研究涉及的人們與其數據。當使用或報告人類對象的數據時，不要忘記這個重要的議題。不小心不是一個有效的藉口，而不管無意或有意地洩漏個資，都會得到嚴重的懲罰。

04 數據——測量值

感受得到就可測量
能被描述就可分類
測量值需足夠精準
相互排除亦爲要件

Perceivable
Describable
Scores

如果你可以感受到它，你就可以測量它。一個**測量值**（measurement）是指派給一個特徵的單一數值。特徵被抓住的方式，也就是數據被詮釋的方式，並決定了用來闡釋問題的**測量**（measure）。相較之下，有一些測量會比較精準。完美的測量只存在於理想當中，測量的精準度我們盡力而爲。

好的測量值不僅僅要足夠精準，也要能夠把它的客體放入互相排除的類目或分數裡（或「編碼」裡）。有些測量把人們分類至類目裡，像是性別。其他測量比較像是抽象的連續體，像是詢問回應者對一句陳述的同意程度。不論是何種類型的測量值，足夠準確與相互排除是必要的。其餘的測量值就是那些簡單概念的延伸。

數據——是誰、是什麼、在哪裡、何時、爲何以及如何。把片段拼湊起來，就像是拼圖玩具，那麼你就從一堆無用的事實當中，拼湊出有意義的訊息。要小心：在統計與拼圖的世界裡，少一塊與強迫錯置都會造成具有誤導性的圖像。這些缺失有時候很難察覺，甚至更難以解決。

除了成績之外，學校保留著標準化測驗分數、操性記錄、健康記錄、課外活動記錄（例如：社團）以及運動成就記錄。依據州政府與聯邦法律的規定，高中校長需要得到授權，才能使用學生的記錄。爲了避免觸犯健康保險隱私及責任法案（HIPAA），他盡量避免同時使用健康與個人訊息。

公衛中心主任能夠接觸所有的公共健康資料庫。但是，她必須合法地使用這些數據，因爲這些數據有關於健康議題，像是免疫與某些特定疾病的爆發。州政府與聯邦法律在使用這些數據的相關規定上是很嚴格的。

05 數據結構——測量值的類別

能建造何種數據結構
基礎在於測量值類別
翻石掘土知深層結構
方知何種統計法適用

What can be built?
Ask the ground
Turn over rocks,
Dig in the dirt

統計的基礎在於數據的測量值類別。有一些統計適合某些測量值類別，其他則否。人們需要了解數據的深層結構，才能知道何種統計才是具有意義的。例如：數據的測量值類別，限制了常用統計值的選擇——**平均**（average），也就是統計學家口中的**集中趨勢**（central tendency）。有三種常用的平均：**平均數**（mean）、**中位數**（median）以及**衆數**（mode），其中各有一些深奧難解的版本。不同的平均值適合不同的數據測量值。特定類別的測量值與其對選擇統計方法的衝擊，會在稍後討論到。

這個主題聽起來複雜，但其實不會。一旦你了解數據怎麼依據其測量值的類別而有所不同，你就能夠很快抓住什麼樣的統計適合什麼樣的情況。幸運的是，許多統計技術能夠使用不同類別的測量值。

透過高中校長與公衛中心主任的問題，我們會在不同的數據組裡以及從可能的調查反應上，碰上四種測量值類別（例如；**名義**、**順序**、**區間**以及**比率**）。他們與我們透過本書逐漸進步，將會適應這些測量值類別。

正確認知與採用每個變項的測量值類別，就能使統計分析走上正確的道路。即使是經驗豐富的研究者，也偶爾會誤用與測量值類別的要求條件不一致的統計。雖然測量值類別的問題很少會成爲致命的一擊，但這些議題仍然會給研究者帶來信心受限的問題。

05-A

名義

名義用於類目測量
名義上已說是不同
自己不再有所宣稱
他者亦不應再多言

Nominal says different
No more does it claim
Others shouldn't either

名義（nominal）類別的測量值關於類目。一些統計學家把它稱爲類目 （categorical）類別的測量值。類目具有區別的特徵，但無法量化差異的程度。例如：政黨、宗教、性別以及諸如此類，能夠被記錄、分組以及計數的現象。但是，我們不能夠說，某一種宗教比其他種宗教還要宗教。

在某些情況下，最常用的平均值種類，也就是平均數（即，算術平均數），會適合名義數據。也就是說，變項只有兩個反應類目，並且以百分比論及其中一個反應類目是合理的。以性別變項而言，女性編碼爲0，男性編碼爲1，使用平均數論述一組有60%的男性是合理的。

上述變項的編碼與詮釋，可廣泛用於需要至少是區間測量值的統計技術（關於區間數據稍後會談到）。因此，你會相當驚訝地發現，一些名義數據居然可以回答相當多的問題。

高中校長與公衛中心主任都有名義數據。高中校長有每位學生的性別、學校、社團、運動參與情形以及學術主題的數據。這些測量值的某些方面，能夠以名義的方式來編碼，像是關於課外活動名字的變項（例如：年鑑）。

公衛中心主任能夠取得一大群的人口統計學名義式數據，像是種族和郵遞區號。通常，名義數據會摘要在表格裡，或在呈現兩種特徵的交叉表裡，像是性別對照參與的運動，或者是年紀或年齡組對照免疫接種率。名義數據也描繪了許多對研究感興趣的組別。儘管如此，在她對變項命名的過程當中，她需要注意種族方面的敏感度（例如：類目應該是黑人、美國黑人、非裔美國人或結合其他類目而形成一個有色美國人？）。否則，一些利害關係人會因爲被冒犯而忽略她報告的重點。

05-B

順序

無法確定的距離
盲目踏出每一步
所到之處皆裂縫

With distances unsure
Blindly even steps
Arrive at cracks

順序（ordinal）測量值常用於意見調查。我們能夠區分同意度，但無法確定同意度1與同意度2之間的距離，是否在心理上等於同意度2與同意度3之間的距離。例如：「強烈不同意」與「不同意」之間的心理距離，可能不同於「沒意見」與「同意」之間的心理距離。在這些案例裡，算術平均數（mean）可能無法產生可詮釋的答案。

高中校長具有一些從學生問卷調查而來的順序測量值。雖然課堂成績實際上是以順序尺度來評比的，但是它們一直以來被視爲區間（interval）尺度。問題在於，得20分的學生與得60分的學生，他們之間的差距，是否同等於60分與100分學生之間的差距。

以眞實的醫療數據而言，公衛中心主任有接受州政府醫療補助服務受益者的感受度問卷調查數據。她很快也要接受問卷調查，內容關於州政府對其部門的要求。她的大部分醫療數據不是名義，就是比率，至少在它們被處理的方式上是如此。

從適合順序數據的統計來說，高中校長與公衛中心主任都會使用計數（frequency counts）來處理其問卷題項上的反應，以及卡方分析（chi-square）來進行統計顯著性的檢定。他們會使用中位數（medians）與眾數（modes），來描述這些集中趨勢。知曉順序數據的本質，能夠省下許多爾後的頭痛時間。用需要區間數據的統計法來處理順序數據，會使統計學家付出不小的代價。

05-C

區間

區間是固定的
有著相等間距
同步伐沒裂縫
零不表示沒有

Interval is regular
Same steps, no cracks
Yet zero is not none

區間（interval）數據[4]有著相等的間距，但沒有眞正的零。以學科成績爲例，數學測驗零分，並不意味著完全缺乏數學知識。一份零分的數學測驗，意味著這位學生在這份數學題測驗樣本上，沒有答對任何一題，但這份測驗不可能斷定，這位學生完全沒有數學知識。零是一種測量上的方便用法。

許多統計需要區間測量值（或能夠使用比率，稍後會討論）來產生有效的結果。主題從同課程的成績差異，到預測來年的流行性感冒傳染率。當要決定何種統計搭配何種數據時，必需思考統計與數據的適配性。

對高中校長而言，大部分學生的成就測量值被當成區間測量值來使用，如稍早所討論的那樣。事實上，爭論在於平均數是否對輕微的測量值類別違反上，具有彈性（統計學家口中的「穩固性（robustness）」）。

公衛中心主任有許多二分的（dichotomous）數據（即，只有兩種可能的回答）。例如：公眾的免疫接種編碼只有兩種形式，是(1)或否(0)。這些類型的數據，一般可以被用在有著區間測量值假定的統計技術上。

眞正的區間數據是稀有的。最常見的是華氏與攝氏溫度測量值。最後，區間測量值對統計方法的選擇、使用以及詮釋是比較重要的，但它在日常實務裡僅有少數的眞實案例。

---

[4] 譯注：讀者也會看見「等距」數據這個譯詞，兩者意義相同。

05-D

比率

稀有的尺規
彈性的測量
珍貴的屬性

The rare ruler
The flexible measure
Precious property

比率（ratio）類別的測量值具有眞正的零，並且是各類數據的佼佼者。以體重與身高爲例。我們可以說100磅的一半是50磅，而6呎的兩倍是12呎。換句話說，我們能夠形塑可詮釋的比率。這些數據類型幾乎可以毫無懸念地應用在它們的測量類別上。（其分配的假定是另一個故事，稍後會談到。）

高中的健康中心保留著學生的基本健康資訊，像是身高、體重以及疫苗接種。但是，高中校長需要有正當理由才能使用這些數據。然而，校長卻有權制止這類資訊的傳播。這些變項屬於比率測量值。依據數據被編碼與使用的方式，它們能夠是任何類別的測量。再編碼（在事後，指派新的數碼）會複雜化數據眞正測量值的理解度。但是，校長毫不猶豫地要求其辦公室職員爲他做這份費力的工作，因爲他們同樣要負責保密訊息的細節。

公衛中心主任有所有她所管轄的州政府醫療補助接受者的電子化醫療訊息，然而使用這些數據的限制是相當嚴格的。雖然如此，爲了不同的目標，她有權使用任何形式的訊息，包括具有絕對零點的測量值。例如：當檢視成人免疫接種的達成率時，她知道合適的成人免疫接種數目，以及已經實施接種的數目；知道誰接種了何種疫苗，並且爲每一位成人計算這些數據，她能生成免疫計數的比率測量值，以及免疫接種達成情形的比率。愈多的比率和區間量尺測量值，她所能使用的統計技術就愈多。

06 簡化——組別與集群

你和我很相像
他們非我族類
我要物以類聚
就在此時此刻

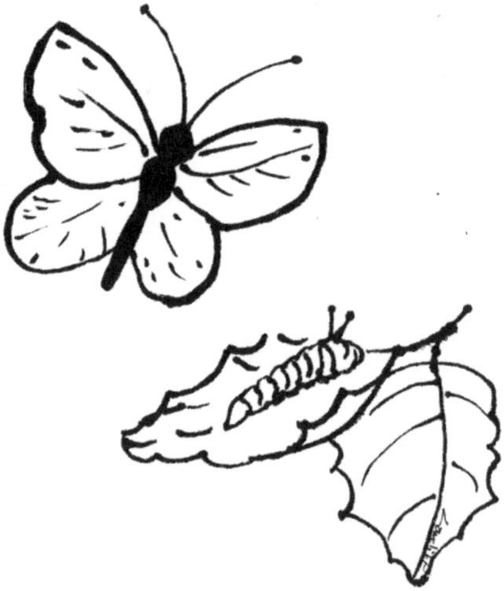

You and I are much alike
Over there, they are different
I will be with those like me
For now

組別差異是今日許多社會科學研究的基石。理由在於，分組來降低數據的複雜性是一個方便、邏輯以及有效的方式。組別（groups）的形成來自於一個概念——具有類似特徵或條件的人們聚集在一起，並與數據組裡的其他部分產生分別。性別與種族是傳統的例子，它們經常被使用，即使與要回答的研究問題關係不大。

當研究者不知道如何分別其組別時，就會使用複雜的數學來創造集群（clusters）組別。要形成集群，統計軟體需要研究者編碼變項。研究者需要對分別這些集群的特徵具有相當的了解。研究者愈了解數據如何形成其組別，就能夠更好地運用組別訊息來闡釋數據裡令人感興趣的問題。如果我想要知道，預測一位糖尿病患者是否要進行兩年一次眼睛檢查的特徵（即，透過集群），我會從我所能獲得的許多人口統計學與健康照護變項著手，而不會尋找帽子大小或顏色偏好訊息。

組別與集群都被用來了解生活中的不平等。它們也可以用來強調類似性。通常，被創造出來的集群，都會被當作自然形成的組別來使用。有著形成特定集群的實證基礎，集群成員共通性的先備知識與認知，對於分組是需要的嗎？不管此問題的答案爲何，保留組別與集群之間的語意區別，會提升結果的明確性，並且增加可供討論的背景。

使用組別或集群的差別在於，研究開始之前，是否對於組別差異的來源有著堅實的假設。研究者已經發現，在缺乏堅實假設的情況下，讓數據爲自身說話能夠提供令人感興趣的洞見。然而，這種洞見仍然需要具體的背景。

以年紀爲組別來分析投票模式是常用的方法。年輕記者使用這種方式來區別年輕人、中年人以及老年人的投票行爲差異。另一方面，集群的形成可以發現特定投票聯盟成員（像是投票給一位獨立候選人的那些人）當中的共同特徵。時常，人們發現傳統的分組（例如：性別）無關於感興趣的問題，這個時候應該要暫停一下。

高中校長具有各種型態的組別訊息：在學年度、球隊資格、人口統計學訊息、課程，僅舉幾例。這些組別之間的學生成績差異，可能暗示了某些重要的不平等現象。例如：同樣表現的同類學生，卻得到差異很大的成績，那麼可能要與老師面談一下了。統計無法暗示哪位老師評分過高，或哪位老師評分過低，那些是價值判斷。如我們所見，統計不作價值判斷。它們相當公正無私，即使統計學家由於潛意識的偏誤，而無法完全做到公平（這我們稍後會談到）。

公衛中心主任能取得很容易形成組別的數據。儘管如此，她可能想要創造集群來闡述免疫模式的問題。例如：從流行病學來看，她知道特定的宗教組別與社區不願意讓他們的小孩接受完整的疫苗接種，這會使得低流行率或正在消失的兒童期疾病突然之間爆發，形成對公眾的危害，特別是那些兒童期免疫接種普及之前出生的成年人。

由於文獻資料不明朗，所以她無法建立政策來改進成人免疫接種率。她需要了解本地高接種率與低接種率人們之間的模式差異。使用集群分析來形成組別，是個可行的方法來了解這種差異。檢視由電腦選擇的關鍵變項，可以幫助她了解集群之間的差異。

幸運地，主任有非常大的樣本，並且可以用電腦來執行各種變項的組合模式。幾分鐘內，她可以檢視30至40個變項。一旦她看見集群資格的主要貢獻特徵，她就能夠檢視社經與文化結構，然後與本地專家一同商討公共衛生政策。

使用組別與集群有一些要注意的事。組別與集群藉由強加在人們或事物上的概念來簡化分析。不管有意或無意，刻板印象的可能性是高的。草率的強調與問題無關的差異，或推論造成的錯誤，無法以權威──例如資金贊助者的要求，當作託辭藉口，誠懇的反省能避免族群被組別或集群標籤化，除此之外別無他法。

了解統計知識，就是要避免不具反省態度的分析所可能造成的無意傷害。這些是政策或報導的潛在作用（無意的後果，以政策或計畫評量的術語而言），可以是公眾或個人，大或小。不論正式與否，統計經常被當作證據來支持某種觀點而犧牲另一種觀點。想想看會是些什麼樣的觀點，以及你是否想要與其相關。

07 計數——頻率

頻率是計數
這裡有多少
那裡有多少
總共有多少

How many here?
How many there?
How many everywhere?

頻率（Frequencies）是計數。他們數什麼以及計數如何被分組，端看提出的問題，但經常要看數據的某種限度（即，它們的測量值類別和分配）。頻率注定要傳達絕對與相對大小的意義，計數與百分率通常都被用來表徵這種訊息。通常，我們不會在一組數據裡看見6或8個組別，除了它們自然落入屬於它們自己的類目裡，像是美國的50州（加上首都華盛頓）。即使如此，類目經常被重組以使其數量變少（例如：新英格蘭區、中西區）。

高中校長想要了解課外活動對學生成績的影響，他決定以每位學生參與的課外活動數量，作爲獻身課外活動測量值。他製作一張表，呈現沒有參與、參與一個、二個等等課外活動數量的學生數與百分率。最活躍的學生，一年參與七個課外活動。雖然幾乎一半的學生沒有參與任何的課外活動（46%），那些有參與的，將近三分之二（63%）參與三個以上的課外活動。

公衛中心主任想要了解地方急診室有多常被當成是醫生辦公室在使用，尤其是在依據ACA（患者保護與平價醫療法案）和醫療補助擴張的情況下。她想要了解，所費不貲的急診室服務被濫用的程度，以及這些日子以來的改變狀況，期望ACA能協助減少這種問題。然而，她的發現並不單純。濫用急診室的人們變得較少了，但那些仍然這樣做的人們，過去幾年使用的頻率更高了。整體而言，濫用急診室的數量與費用下降了，但「常客們」現在連很小的病都來急診室，像是輕微擦傷與瘀青。她想要把這類不適用急診的需求，導流至較不昂貴的醫療服務，並且嘗試建立緊急照護中心，以一種更經濟的方式來處理不易居家照護但又不具生命威脅的傷病。她也試著要建立急診室不處理的基本照護（primary care provider, PCP）的宣導機制。

08

圖像——圖解

看仔細一點
或許要瞇眼
賦予它形狀
意義就出現

Closer, maybe squint
You give it shape
Meaning appears

圖解很重要，因為分配形狀很重要，還有一個關鍵性的理由：圖解是圖像。大部分的人都是視覺學習者，利用這項特質有很大的好處。我們的環境含有視覺訊息。運用在報告裡的圖解，可以傳達很多訊息。圖解幫助統計學家判斷他們的假定〔像是異方差性（heteroscedasticity）以及線性對照曲線關係，但此處我們不需要擔心這些〕有沒有被滿足。

統計的用處就像是虛空中一根燃燒的火柴。圖解傳達背景的含意，給統計帶來意義。然而，就像是魔術師的手，圖解也能夠誤導，不是有意就是無意。

當準備圖解時，通常愈簡單愈好。「熱鬧的」、群集在一起的圖解會使人分心，無法專注於要傳達的要點。圖解表徵能夠以巧妙的方式呈現有關的訊息。不要放棄能夠讓數據生動呈現的機會。

高中校長不擅長製作圖解，而他在這方面也沒有很強的信心。他可以從祕書那邊得到協助，因為祕書很會操作圖解軟體，她很自豪能夠把圖解做得如此專業，他也享受在報告裡利用她的長才所帶來的肯定。

公衛中心主任不僅僅很會製作圖解，也很擅長詮釋她在圖解裡所看見的訊息。她經常使用圖解，並且享受著顏色與結構的層次所帶來的衝擊效果，她也慣於對大眾說明圖解。幾年來，她已經有了大量的圖解檔案，並且以目錄分類。現在，她能夠很快地找到她需要的投影片，並且稍作調整來符合應她目前的需求。有了這些準備好的材料庫，她發現她能夠把更多的精力放在資料上，而不用將過多的心思用在圖解報告上。

09 散布——分配

多樣性是資訊
愚者與之搏鬥
精明者理解它
智者悠游其中

Diversity is information
The foolish fight it
The astute understand it
The wise swim in it

要闡述誰、什麼、哪裡、何時、爲何以及如何的問題，統計學家需要知道數據是如何散布與成形的。在統計的世界裡，**常態曲線**（normal curve，在第10章裡會談到）可以說是最重要的形狀〔即，**分配**（distribution）〕。要能夠把問題與統計技術正確地配合起來，知道數據的分配特徵是第一步。統計本身有屬於它們自己的分配，這複雜化了分配的議題。術語「分配」聽起來比它所承擔的要簡單多了。幸運地，許多仰賴常態曲線的統計，對相當大的假定性違反具有抵抗力；也就是說，如果分配接近所謂的常態，那麼結果的差異不大。只有當樣本足夠大，或者在某些條件之下時，其他種分配開始迫近常態曲線。

其中一種就是二**項式**（binomial）分配，此處生成分配的基本單元只有兩個數值，像是投擲硬幣只有正反面。任何事件或特徵只有兩種數值或結果，此處每一個人或數據組成員，只具有其中之一，於是形成了二項式分配。在大量的樣本以及正確的條件之下，二項式分配模擬了常態分配，許多統計學家對待它的態度就像它一開始就是常態分配。畢竟，常態分配是大部分統計的核心。

分配是特徵不均等訊息的來源。這種不均等尺度的單位，像是標準差（稍後會談到，特別是在第27章裡）。知曉這些不均等，是克服它們的第一步。統計變成政策的工具，觀點的槓桿，要常想起這個要點。當研究不均等時，通常會被看成是對政策與實務下判斷。那是因爲，政策與實務的焦點通常在於減少不均等，所以，報告不均等能夠被詮釋爲相關政策的失敗，因爲仍然有需求。事實上，反過來可能是正確的。政策可能非常成功地滿足了需求，以致於更多有需求的人前來被政策所服務。

統計的世界就像是分配的世界。測量有分配，統計檢定有分配，統計結果有分配，即使是分配本身也有其分配。雖然統計學家需要把它們區分出來，但大部分的人並不需要關心那個層次的細節。但是，即使只有簡要地了解，也足夠讓人擔心統計結果中是否存在任何確定性。

高中校長與公衛中心主任都了解分配的重要性。兩者都決定使用對違反常態分配假設具有抵抗力的統計技術。他們都具有屬於性別的二分數據。這些數據來自於二元分配（binary distribution），因爲他們只能有兩個數値。此外，兩位研究者都知道，他們的其他許多測量値應該至少大概符合常態曲線，像是身高與體重。

儘管如此，在執行大部分複雜統計之前，研究者需要相當確定分配的樣態。大多數有經驗的統計學家會圖解其數據，伴隨著一些敘述性資訊，以便決定手上的數據分配是否就如同他們所想像的那樣。這個問題需要判斷力，而判斷力來自於從錯誤中學習。了解統計値所奠基的理論分配，了解眞實數據所呈現的分配，進而釐清它們之間的微妙關係，是學習統計的一門藝術。

在些許思考之後，高中校長與公衛中心主任相信除了他們的二分數據之外，他們也有不足以符合常態曲線的名義與順序數據，這些數據需要被分開處理。請回憶，測量值的類別決定適用的統計。名義與順序數據並不符應常態曲線（在下一章會談到更多的細節），除了在特定的二分數據環境之下，如同稍早所討論的那樣。利用常態分配曲線的統計稱作**母數**（parametric）統計，而那些不使用常態分配的統計（適合名義與順序數據），稱作**無母數**（nonparametric）統計。

視覺上，有些分配很容易辨認。以適當的捨入與尺度來作圖，更多的分配就能夠具有視覺上的辨認性。實務上，一些統計學家光憑肉眼就能夠從數據的散點圖，相當準確的估計兩個變項的相關性。當結果似乎有點奇怪時，研究者作圖進而發現分配與當初所想的不一樣，這很常發生。也許在不久的將來，研究者會把數據的圖示工作放在統計模型被執行之前。這不一定總是會有幫助，但也不會有任何損失。

關於分配的最後一個評論，很像組別與集群的最後一個評論。研究者需要反省以組別或集群呈現分配差異的後果。樣本的明顯差異也許不能反映母體裡的眞實情況。因此，在缺少完善證據下，呈現某些組別或集群會感到被冒犯的分配差異，會有很大的風險。相關的統計資料爲背景提供了資訊。盡可能地確定你能達成正確的目標。

10 鐘的形狀——常態曲線

學校鐘聲陣陣響
有悠揚悅耳旋律
但亦非全然如此
新世界多樣面貌

School bells ring
Some melodious, some not
The faces of the new world

鐘形曲線（bell curve）與**常態曲線**（normal curve）是同一件事的兩個名字。起初，它被稱作誤差的常態曲線（normal curve of errors）。這個術語來自於早期的統計工作，研究者想要從父親的身高來預測兒子的身高。這些預測的誤差，形成了鐘形曲線。其他特徵也被拿來進行預測研究，這些預測的誤差，也形成了鐘形曲線。令人驚奇的是，許多日常生活的特徵，都遵循這個原則。鐘形曲線的命名，在誤差的常態曲線之後。從那個時候開始，統計學家開始發現，許多常見的特徵都是常態分配。常態曲線的數學屬性，促進了**母數統計**的應用，因爲其屬性符合常態曲線母數，或形塑了常態曲線的特徵。你會看見術語**母數**（parameters）被用來描述母體（populations）。這是因爲母體也形塑了特徵。這兩個術語的使用是有相關性的，雖然它們的作用有點不一樣。

在許多的統計裡，常態曲線具有關鍵的地位。把數據轉換成常態曲線的值，就能夠應用更多的統計技術。這部分的統計涉及*z*-分數。這種數值要計算**標準差單位**（standard deviation units），本書稍後會討論（特別是在第27章）。

誤差的常態分配對現代統計學也很重要。這類誤差的分配凸顯了**信賴區間**（confidence intervals，第37章），以及其他統計結果裡的量化模糊空間。沒有了常態曲線，今日的統計會變得虛弱無比。

如同稍早所提及的，在特定條件下，二項式分配會近似常態曲線。請看以下的範例。（人們真的很喜歡這個練習。）讓我們假設房間裡有20個人，形成10對夥伴。讓每一對的其中一人，投擲硬幣10次，讓另一個人，計算丟到人頭的次數。等到全體都完成這項任務之後，每一組投擲10次所得到的人頭數，從0到10，會形成所謂的散點圖。

接著在掛圖底部畫一條水平線，沿著尺度注記0到10。讓每一組報告10次投擲當中，得到幾次人頭，一次一組。畫上一個x來代表被報告的數值。如果有同分的狀況，只要把第二個x畫在第一個的上面即可。然後，每一組互換投硬幣與計數的人，再做一次。在幾個回合之後，就在大家的眼前，常態曲線開始呈現在掛圖上。曲線的高點大約在5個人頭處，分配逐漸向0與10個人頭處遞減。一些樣本量的基本規則與其他議題也參與了進來，但不管如何，二項式分配通常被視爲常態分配。在做了幾次這種練習之後，你會了解爲何每次都會形成合理的常態分配。

高中校長與公衛中心主任，都有尋求統計學家協助的管道。高中校長可以透過學校董事會，而公衛中心主任透過她本身的部門。然而，這些服務並不便宜，並且受限於預算分配。高中校長與公衛中心主任都決定要節省使用他們的資源，只有在要使用到更複雜的統計與解決更具爭議性的問題時，才尋求統計學家的協助。

公衛中心主任在使用統計學家的方式上，有一點與高中校長不同。她知道她分析的是資料庫裡大量的數據，而要使她的研究達到有效的結論，經驗值很重要。因此，她決定在研究初期就諮詢她的統計學家，才不會浪費資源來處理後期發現的大麻煩——執行大量的數據分析，不僅耗費時間也浪費紙。因爲寫報告有時間壓力，主任寧願把時間花在如何寫出一篇好的報告，也不要浪費時間在重新執行數據上。

校長認爲他的分配沒有那麼地複雜，所以在早期階段，統計學家可能不會抽空給予協助。此外，他大部分的工作涉及追蹤每年同樣的測量值。因爲他往年甚少有什麼其他的問題，所以目前似乎沒有什麼需要注意的。雖然他可能是對的，但這個階段的錯誤可能在之後會造成不小的損害。

爲何早期的錯誤會造成之後的損害？原因在於分配形成了統計結果機率的背景。這些機率（會在本書不同的部分探討到），是數據所表徵情況裡的含糊與不均等的量化訊息。因爲有分配，所以才有統計結果，因此我們至少需要短暫了解我們的統計與結果怎麼被常態曲線的限制所形塑，以及被常態曲線的支持所強化。

11 偏重——偏斜

不平衡的誤差
力量逐步削弱
苦於誤導答案

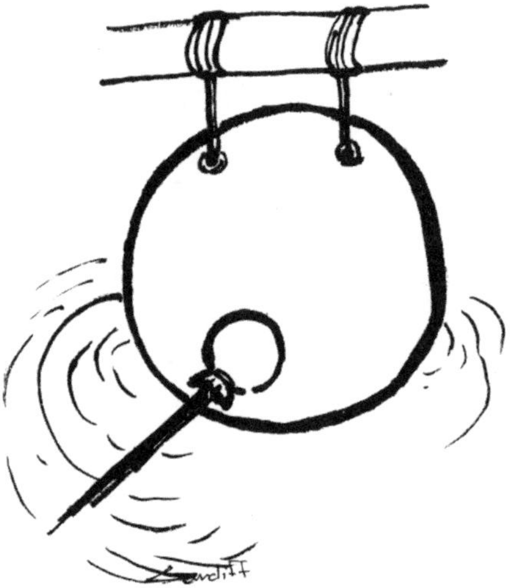

Errors unbalanced
Strength erodes
Answers suffer

對稱分配（symmetric distributions）就像是紙娃娃：它們看起來就像是摺紙剪裁勞作打開之後，呈現的兩邊對稱的形狀。**偏斜**（skewed）分配是偏一邊的、不平衡的。母數統計依賴平衡的常態（鐘形）曲線。當常態分配看起來拉向一邊時，分配就說是偏斜至那一邊。例如：收入的分配是正偏斜（positively skewed），因爲極少數人的收入會是一般人收入的好幾倍。小量的偏斜，對大多數的統計而言並無大礙，但大量的偏斜卻會產生誤導的結果。

處理偏斜分配是有方法的。統計學家一直在發展處理棘手統計問題的方法，因爲統計變複雜的速度很快。還好，大多數人只要知道問題是否有被處理，不需要知道更多的細節。

高中校長與公衛中心主任都沒有高度偏斜的變項，像是收入。校長與主任的數據，大部分都沒有偏斜到需要特殊的處理。在這種情況下，統計學家就鬆了一口氣，因爲統計報告應該相對簡單而非呈現謎團。

既然談到偏斜，就不能忽略另一種分配特徵──**峰度**（kurtosis）。峰度指的是常態曲線的**尖峰程度**（peakedness）。這個問題最好留給統計學家，但在此提及是要讓讀者熟悉這個術語。就如同大量的偏斜能夠造成問題一樣，大量的峰度需要特別的處理，並且能夠增加詮釋結果的困難性。[5]一

[5] 譯注：譯者另一譯作《一位耶魯大學教授的統計箴言》裡有詳盡的實例。

般而言，社會科學研究會忽略偏斜與峰度。並不清楚這種取向會導致多嚴重的系統性數據誤讀，或這種誤讀會對世界知識的正確性產生什麼樣的衝擊。

12 平均——集中趨勢

平均數和中位數
還有一個是眾數
平均做為何用途
問問數據便知曉

Mean, median, mode
What is an average to do?
Ask the data

許多學生從接觸集中趨勢的那一天開始討厭統計學，這不意外。一個應該簡單的主題被弄得複雜：平均。首先，它有一個特定的名字，**集中趨勢**（central tendency），而有著三種不同的選擇（**平均數**、**中位數**、**衆數**，在本章稍後會談到）。然後，許多學生被要求去計算每一種數值，好像掙扎幾個小時可以讓他們對這些概念感到舒服一些。

集中趨勢測量值的選擇，大致由數據的結構所決定——大部分是測量值的類別，以及某種程度的偏斜。此處，研究者發現他們有以下三種選擇：

1.他們知道他們在做什麼，並且爲他們的數據選擇正確的平均值。

2.他們認爲他們知道在做什麼，所以他們的選擇有某種程度的投機。

3.他們知道他們知道的不足以確認他們做出的是正確的選擇，所以他們尋求協助。

也有其他的組合，像是知道他們所知不夠樂觀，但還是繼續並選擇一個測量值。然而，大部分使用統計的人們在意他們結果的完整性與可詮釋性，並不想要誤導他人和使他們自己感到尷尬。

統計協助研究計畫裡的戰略布署，至少包含計畫的概念、數據的準備。在特別的案例裡，應該要讓統計學家執行統計工作並且精準地詮釋結果。雖然高中校長與公衛中心主任做研究時抄捷徑，但是他們知道這樣做較有可能需要辯護或重申他們的結果，而有經驗的統計與研究協助就省了這些麻煩。

12-A 平均數

平均數被霸凌
被拉到最強的那一邊
無助地被拉鋸著

The mean gets bullied
Pulled to the strongest side
Helpless in the tug-of-war

平均數（mean）是算術平均數，有著直覺的吸引力，並且是最常用的平均或集中趨勢的具體化數值。但是，它需要一個相當平衡的（即不偏斜的）分配，才能成爲集中趨勢的相應近似值。大量的離群值（遠離平均數的數據點），或即使是少數極端遠離平均數的數據點，都能夠大大地扭曲了平均數。當數據相當平衡時，平均數就很有用。它含有的訊息比**中位數**（median）或**衆數**（mode）更多，因爲它同時被所有事件的大小與數目所影響。平均數對於只有兩個數值的變項而言相當地便利，像是性別。如稍早所見，如果兩個數值爲0與1，那麼平均數就是全部編碼爲1的百分比。

高中校長會計算學業數據的平均數。例如：如果他想要看看，同樣科目不同老師的教學成績差異，他能夠爲相同學業表現、修習同樣科目，但上課時間不同的學生們，計算平均成績，比較箇中差異。當重大差異被發現時，他會與教師討論怎麼解決這個問題。例如：幾年前他發現，兩班法語課平均成績整整差了一個評分級別（A- vs. B-）。在與老師們一起調查之後，他發現有兩個重要差異需要被解決。首先，這兩位老師使用不同的測驗，其中一份比較難。同一個人會在兩份測驗上得到明顯不同的分數，因爲測驗困難度差異的關係。與這兩位老師一起努力建立一個難度均等的題庫，是解決成績差異的好方法。第二個問題是有關法語課的教學法。雖然兩位教師都有能力進行語言沉浸式教學，但只有那位班級成績較高的教師這麼做，但較容易的測驗使我們無法判斷是否眞的是教學法的關係。當這兩位教師開始使用相同的測驗之後，整體成績有點拉近，但還是差了至少半個評分級別。然後，第二位教師被說服去使用語言沉浸式教學法。此後，兩班的成績聚合至B+與A-之間。現今，在他的學校裡，只有語言沉浸式教學法課程。

公衛中心主任會廣泛地使用平均數。例如：她會尋求免疫接種數與各類重要醫療服務的平均（即，平均數）。在發現平均數差異的地方，她會尋求可能被政策闡釋的相關條件。例如：她發現一個區域爆發麻疹疫情，並且知道有的父母錯誤地認爲學校裡已經有夠多的孩童接種疫苗，所以他們的小孩不必接種疫苗，她就會召開家長會討論這種情況。沒接受疫苗接種的孩童也被邀請，並且以食物與遊戲爲誘因。重要的是，她帶來表格與當地公衛護理師，以及足夠的疫苗。她的努力以及持續被發現的病童，說服了大部分的父母親讓他們的孩童接種疫苗，包含麻疹以外的疾病。對於那些需要接種多支疫苗的孩童，她建立了時程表，讓公衛護理師能夠在接下來的幾個月，回學校完成疫苗接種的工作。

儘管如此，平均數可以是一個不容易理解的概念。讓我們說，一組裡包含60%的男性。說組裡人們平均是60%的男性意味著什麼？當一腳踩在熱水裡而另一腳踩在冰水裡，平均而言，溫度是舒服的嗎？深思平均數的詮釋。

12-B
中位數

中位數在中間
漠然的
不移動

Medians play the center
Insensitive
Unmoved

中位數（Medians）很少成爲選項。它們僅僅是一個點，一半的數值大於此點，一半的數值小於此點。由於只需要順序（ordinal）測量值，它們很適合知覺量表和高度偏斜的數據。

中位數通常伴隨著其他分配訊息——分配的百分位數（1%）。第50百分位數是一個點，有50%的分數在此點之下，有50%的分數在此點之上——中位數。通常，第5、第25、第50、第75以及第95百分位數，被用來呈現分配的順序。令人驚訝的是，區間和比率數據也在許多狀況裡，以這種方式被特徵化，即使已存在其他統計值來描述這種數據。會議、簡報與期刊文章的作者，很了解這種做法。

校長與主任都會使用從知覺量表得來的中位數數據。此外，用百分位數呈現校長手上的許多標準化測驗分數是很好的方法。主任也會使用百分位數來解釋免疫接種的分配，以及在她州裡對不同團體的其他醫療服務。

如果研究者只能有一個集中趨勢數值，中位數是個不錯的選擇。在對稱（平衡）分配裡，平均數與中位數是一樣的數值。如果它們的數值不同，中位數要比平均數在許多情況裡更具有意義。爲何？因爲分配愈不對稱，平均數就愈不能代表整體，它容易受到少數幾個大的或許多小的離群值的衝擊。因此，中位數是目前討論的兩種集中趨勢測量值當中比較穩定的一種。它不需要對稱分配，所以可以在母數或無母數數據裡運作良好。

12-C

眾數

數值的力量
眾數值得誇耀
但很少見

Strength in numbers
The mode boasts
But is seen little

衆數（mode）是出現最多頻率的數值。對具有許多很明確數值的數據而言（例如：一州裡每條道路的長度），眾數發揮不了作用。對有著相對限量數值的數據而言（例如：掛牌車輛的型號），眾數可以成爲信息的來源，並且很有用（例如：全美最受歡迎的10款車）。眾數代表分配的多數，但它提供的平均或集中趨勢訊息是最少的。相對訊息的缺乏，是由於眾數無法指出本身與分配裡任何一點的關係。

此外，我們必須猜測，眾數之於整體分配的相對貢獻。例如：你會希望一般駕駛一年內發生車禍的眾數是0，或一打雞蛋從市場買回到家還是完整的數量是12顆。

校長與主任使用到眾數的機會很少，並且希望能完全避開它。它是集中趨勢最後的訴求，並且攜帶的訊息量是最少的，而它在編碼與方法學上出現人爲因素（artifacts）的可能性是最大的。其他人可能會說，它很容易在圖上看出來並且容易解釋。

高中校長依舊記得，有一次使用眾數來描述學校的平均成績，口沫橫飛地與家長們不斷討論，因爲家長們就是不了解它。公衛中心主任依舊記得，州長的演講稿撰寫人半夜打電話給她，要求她替換掉隔天州長要報告的眾數片段。

13 兩種類型——敘述與推論

知道這一群樣本
推算出那個母體
達成有根據推測
超過手所握資訊

Knowing this
Projecting that
Reach can exceed grasp

統計的兩個基本分支是**敘述**（descriptive）與**推論**（inferential）。敘述統計討論手上的數據，沒有推估至更大或其他的組別，無法進行有意義的比較，因爲直接就這麼比較，沒辦法考慮到抽樣誤差。然而，統計一個十分重要的目標就是要能夠預測更大組別的狀況，或比較組別差異。要把樣本裡的發現推論至母體，或需要比較組別特徵時，我們就要使用推論統計。當我們這麼做時，我們就納入了抽樣誤差，並且生成由*p*-值下判斷的有根據猜測（稍後會討論，特別在第32章）。

簡言之，敘述統計描述數據，而推論統計進行數據至其他局面或情況的推論。大部分的研究同時使用這兩種類型的統計。首先，敘述統計被用來呈現數據的明顯特徵，所以讀者能夠具備必要的背景知識，進而根據情報對結果下決定。母體也盡可能地被描述。然後，一份樣本被描述，理性的人們大概會認爲這份樣本能夠代表母體。當數據的某些方面呈現出比其他方面更大的差異時，報告通常會包含輕描淡寫此差異的論題。接下來，在更專業的統計部分，推論統計把研究推向一個更大且更重要的背景，而不是只聚焦於手上的特定情況。許多頂尖期刊把這部分的報告視爲是否出版的關鍵，而這也影響了研究贊助資金的取得。

大部分人把集中趨勢與分組次數視爲敘述統計。平均數、中位數、眾數、總和、全距、百分位數、標準差（稍後會討論，特別在第27章）以及有時候偏斜和峰度，全都屬於敘述統計的類型，它們都在描述數據的方方面面。

大部分的推論統計涉及統計檢定。免疫接種率是否高於預定的目標，或高於鄰州接種率的問題，屬於推論類的問題。當你看見關於某事具有統計顯著性（或沒有）時，要試著了解可能使用的統計技術。理由是，連結一個虛無假設的統計檢定（稍後會談到，特別在第29章），是關於一個*母體*的陳述。推論來自於連結樣本的結果至關於*母體*的假設。

高中校長的問題包含：在他的學校裡，不同時段英語課（還有其他課程）的平均成績差異以及比較運動員與非運動員的學業表現。這些比較是推論的，因爲他通常只有樣本，而非全部的訊息，這是由於把數據轉換成他需要的電子形式很耗時。他會使用敘述統計來包裝他的學校，像是年度報告，在家長會以及董事會會議裡進行簡報。如我們所見，猜測經由推論統計學這一邊。推論包含不確定性的元素，不論是日常生活對話還是統計。

公衛中心主任有著更爲易變的*母體*，但仍然會使用敘述與推論統計。她也相信，在她所有的數據裡，存在抽樣誤差，但在她的幾份報告裡，她描述她的數據如同即時的快照。由於她能經由電子式數據庫獲得龐大人群的各種記錄訊息，她相信她的數據最能表現進出本州系統的每一個人。

主任在公眾健康方面的工作，幾乎都涉及推論健康政策對人們生活的影響。即使當她用年齡範圍分組人們時，她也列出統計值的可能誤差範圍。她曾經觀察到一些例子，在這些例子裡，人們記得微小的差異量，並且推論一組比另一組表現好，而在另一份報告裡，這些人很驚訝地看見相反的關係。藉由呈現來自於推論觀點的誤差範圍（即，信賴區間，在第37章裡會討論到），她維護了她部門轄下工作的誠實性。稍後，當樣本統計量裡的小改變能夠創造小的變動，使得兩個數值在統計上相等的關係產生顛覆時，她能夠回到原本的報告，並且表示這種改變與可能的誤差量一致。既然在計算出來的統計值上呈現可能的誤差範圍（像是透過信賴區間），能夠提供辯護作用，那麼人們不禁質疑，爲何更多的統計學家不在每個可以估計的地方計算這種區間。從推論統計而來的信賴區間，對統計學家而言，可以是一件令人喜悅的事。即使稍後有個統計值落在指定的範圍外，回答可以僅僅是：「那個範圍是95%的信賴區間。這很顯然是個稀有事件。」

當推論統計被適當地報告時，個人名譽不會遭受損害，而統計的完整性也能夠被保留。以推論統計的觀點出發，沒有100%確定的事情。事實上，看起來好像反映了確定性的語言，其實是對統計的錯誤詮釋。有了大樣本，我們能夠具有相當的確定性，但不是絕對的確定性。這對於想要明確答案的人們而言，實在是一大打擊。統計很少會是明確的，試著不要掉入聽起來比你的統計所指還要明確的陷阱。統計是一種「可能是」或「可能不是」的生活方式，而非「是」或「否」。

14 基礎——假設

假設常像是魔術
給人驚訝的結果
原以爲是實爲非
了解不夠會咬人

Magic...a surprise
What was thought is not
Ignorance has teeth

統計背後的數學計算，大部分以關於數據的假設爲基礎，像是數據的測量值類別以及它們的分配樣態。與別的統計比較起來，有一些統計具有更多的假設。有一些假設，在某些條件下，與其他條件比較起來，顯得更加重要。了解假設的角色，意味著察知它們的限制。

其中一種限制，就是對統計假設的容忍度。在大多數涉及人們的統計裡，統計假設以某種方式被技術性地違反。需要記住的要點是，在具有穩固性的統計檢定裡，假設只需要被滿足到一個適合的程度。一般而言，模型愈複雜，假設就會變得愈脆弱。

記得要檢查模型的假設，以及你自己模型的假設。要小心看起來包裝得很好的統計數值。要知道，不論何時，當你翻開石頭，就會發現灰塵。謝天謝地，有一種叫做穩固性（robustness）的特徵，通常會把模型洗得夠乾淨。假設是否被違反，需要下決定，這些決定端賴一條判斷的連續體尺度。在一些例子裡，統計專家們在這些決定上通常是意見分歧的。

高中校長與公衛中心主任都曾被一些複雜的模型「咬過」，因爲他們沒有完全了解全部的假設。兩位都不擔心簡單的比較，但當他們開始要建構模型時，他們會打電話給當地的統計學家。公衛中心主任比較擔心數據代表性的假設。她的一些測量值可能奠基於小樣本，有可能是一些人有缺失數據而導致缺失原因沒有被深入了解所造成的。例如：流感疫苗接種通常會在衛生所、大廳、教堂、工作場所以及其他人們會聚集的地方實施，工作複雜，耗費時間與金錢。注射完之後，需要進行商業保險給付，通常這些清單會有兜不攏的問題。但是，那些數據不常被抓到，也因此沒有被報告，所以可以知道有沒有被報告的情況，但就是不知道範圍。從不完整的數據，泛論至整個母體會很棘手。足夠多百分比的母體被免疫接種了嗎？比去年多或少？統計能協助解開這些結，但只在一些限制範圍裡。

15 黑暗——缺失數據

濃霧襲捲
夜色籠罩
無明月光
路徑何往？

Heavy fog rolls in
Night falls with no moon above
Where did the trail go ?

基本常識告訴我們，大計畫的一些缺失數據應該要被容忍。例如：如果我們所選擇的樣本是1,000人，而我們有999人的數據，從所選擇的樣本推論至整個母體是相當安全的。各種民意調查與問卷調查，都有高比率的缺失數據，它們有各種來源（例如：回覆率、略過的問題、超出範圍的回答，像是出生日期會使某人有180歲）。有多少缺失數據可以被忽略，缺失數據何時與如何能夠被補值，以及怎樣算是無法容忍的缺失數據範圍，這些問題都有專書在探討。雖然這是給統計學家去評估的主題，還是可以探討一些有助於了解目前對話的一般概念。

缺失數據能夠是或不是隨機缺失的。我們要怎麼知道？它通常結合了直覺與證據。然而，缺失數據並不是一個「要嘛接受，要嘛離開」的情況，有一個稱作補值的中間地帶。數據補值意謂著遵循詳細說明的規則，來補償缺失的數據。例如：我們可以使用平均值來代替缺失數據，因爲最常用的數值最合乎邏輯的選擇。另一方面，如果缺失數據的值與數據的一個或多個其他範疇很有關連，那麼補值這些缺失數據的知識就關於是否能更好地適合數據的整體模式〔例如：迴歸-補值（regression-imputation）〕，而不會進行削弱整體模式適合度的平均數-補值。

另一個方法是在緊要的範疇裡，拋棄具有缺失數據的案例。這個方法適不適當，端看缺失數據的範圍。有時候，拋棄一些案例並補值其他案例的缺失數據，這種結合式做法會比較理想。

高中校長比較不會有缺失數據的問題。他有每一位學生的成績，並且具有他需要的形式。公衛中心主任就沒有同樣的「免煩惱缺失數據」待遇。她的記錄差異相當大，一些較新的領域裡，幾乎沒有人，而且確定即使再過幾年，也不會成爲趨勢。她知道，她可以爲了調校風險與控制混淆因素，補值許多被使用的自變項，但她不能爲沒有較高後座力風險的依變項補值數據，這種後座力來自於對模型編造過程感到不舒服的利害關係人。

16 偏航——穩固性

數據吵嚷
亦顯雜亂
盛行對策
容忍是也

Data are rowdy
Messy, too
Tolerance prevails

出人意外地，統計通常能撐過假設被輕微地違反的狀況。這種情況〔與**穩固性**（robustness）有關〕是幸運的，因為很少會有完全符合假設的狀況。例如：現實世界的數據並不符合精準的常態曲線，但大多數的統計卻依賴常態曲線。我們可以容忍假設被違反到什麼樣的程度，是統計學家津津樂道的題材。當討論轉向複雜模型的聚集假設時（譬如：統計技術與測量類別結合在一起的假設），關於這個議題的意見會變得特別多。沒人能斷定這個問題，或有一個合理且整體的處理門徑。因此，面對複雜模型背後的各種假設，數據要多貼近這些假設，才不會讓結果可能變得太過偏差而不能被使用，統計學家有其各自的意見。

當校長與主任執行統計於簡單的比較情況時，統計的穩固性（至少能抵抗微小的假設被違反情形）使他們感到自信。從過往的經驗得知，他們知道他們的數據足夠接近他們簡單模型各種假設的需求。當前，他們最大的假設是，自從統計學家最後一眼的檢視以來，數據的整體結構與測量的效度（validity）品質沒有降低。

很明顯地，研究者很大程度地依賴他們所使用模型與統計技術的穩固性。因為假設從來不會完全配合現實世界的數據，所以研究者必定會不斷地忽略它們，而依賴能支托他們結果的穩固性。因此，研究者傾向於在檢視他們知道不會被完全滿足的假設時，顯得更自滿得意。謹慎注意假設與過度伸張的穩固性能夠如何地影響結果，是一個好的開始，這可以幫助我們發展偵測力，嗅出研究有誤的可能性。

17 一致性——信度

一次兩次許多次
箭矢緊靠成一束
重點是射中何處
命中靶心才無誤

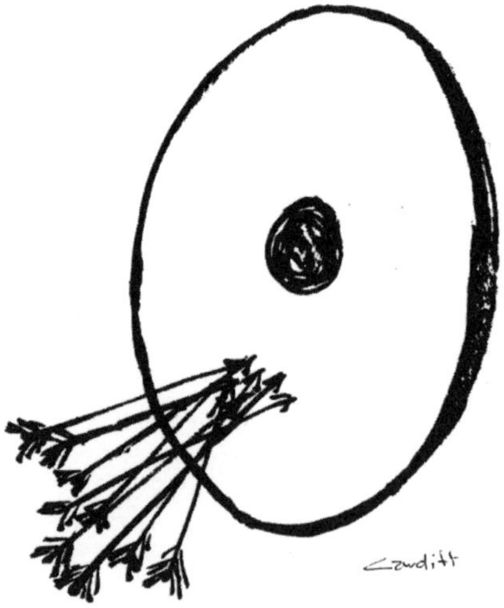

Again and again
Arrows tightly bunched
Where?

信度（reliability）是重複性或一致性。它形成一條連續體，儘管人們偏好以絕對性的措辭來談論它。擁有足夠的信度，與擁有足夠的**效度**（validity就是射中靶心或「事實」，並在下一章裡會談到），並不一樣。即使可能每個人都同意某事，每個人可能仍然是錯的，就如同科學經常展示給我們看的那樣。雖然效度沒辦法沒有信度而獨自存在，信度卻可以獨自存在。如我們稍後所見，建立效度協助建立了信度，然而建立信度只建立信度本身。

想像三位弓箭手，瞄準三個箭靶的靶心射箭。第一位弓箭手的箭布滿整個箭靶，有一些箭甚至與其他箭的距離相距2呎之遙。他的箭無法取信於人，因爲它們不可重複、不一致，不是所有的箭都射在差不多同樣的地方。此外，因爲經常錯過靶心，他射的箭也不具有效度。第二位弓箭手的箭，彼此之間相距1吋之內，一些箭甚至直接剖開了其他的箭。然而，這些緊密射在一起的箭，卻都位於靶心下方4吋與左方3吋之處。他的箭相當可靠，形成緊密的一群，但它們無效，因爲它們錯過了靶心。第三位弓箭手的箭與第二位一樣，緊密靠在一起，但幾乎都在靶心中心。她射出的箭不僅可信（一致）且有效（擊中意圖標的）。弓箭手射出的箭有效（擊中靶心），但卻不可信（沒有緊密在一起）是沒有意義的。

對同樣的建構（construct）運用兩種或更多的測量，並比較測量的結果，是一種估計信度的方法。這些多重測量可以是多人對一件事物「評分」，或者對同樣的人們進行多重評分。不管是什麼方法，重複性或一致性被評估。決定的正確性程度沒有被估計，因爲那是效度的估計。

假設兩人評分相同的測驗，內容關於美國歷史的開放式問答題。評分者只可以對一個問題打對或錯的分數。當我們檢視測驗裡每一個題項的得分交叉表（cross-tabulation）時，會有四種情況。⑴他們都同意這個題項的回答是正確的；⑵他們都同意這個題項的回答是不正確的；⑶第一位評比這個題項的回答是正確的，而第二位評比不正確；或是⑷相反。如果每一位都隨機評分，所有的項目評分者會有一半的時候意見一致。他們有一半的時候是意見一致的，好像他們隨機地達成相同意見，或每一個都用投擲硬幣的方法來決定事實。統計學家以一種統計值來回應這種情形（給他們帶來挑戰），這種統計值控制了估計的隨機同意度，它稱作kappa統計值，是一種排除了隨機同意成分的信度測量值。

高中校長知道，總結成績奠基於許多的隨堂考與測驗，所以它們大概相當地可信。但是，他不怎麼確定他手上數據的社經狀態。那些訊息僅來自於一次性的家長問卷調查。校長知道，他需要具有信度的測量，才能得到可靠的結果，並且會避免奠基於單一測量值的測量。他偏好有機會讓幾個測量值誤差互相削弱的聚集式測量，因爲他知道估計偏誤會被抵消。在大部分的案例裡，對同個特徵或建構的多重測量，比僅有一次的測量要來得可信——他喜歡再確定一次，如果可能的話。

公衛中心主任有點懷疑，她手上被篩檢出的兒童聽力、視力以及牙齒問題的數據，因爲一些組別以及某些診所的文件記錄很不齊全。此問題顯示某些人信度與效度之間的界線開始變得模糊。主任懷疑記錄的信度，因爲一些醫療記錄摘要顯示出有更多的篩檢被執行，但目前沒有呈現出來。她也懷疑這些記錄能準確代表一些兒童被篩檢的程度，因爲她相信他們的記錄缺少在學校被執行的重要篩檢——具有粗糙的效度。信度與效度是有關係的（在下一章裡會進一步探討）。

對於她的大部分數據，公衛中心主任相信，專注著相同訊息的獨立源頭，會達到大致相同的結果。換句話說，她相信她其餘的數據，對她的目標來說足夠可靠，不用特別小心。她可能仍然會使用醫療篩檢數據，但更好的醫療服務記錄是需要的。

信度的判斷一部分奠基於個人經驗，一部分奠基於類似數據的使用歷史。存在判斷的指南，但對處理問題來說，有點人爲的不自然。研究者需要自己去正確決議要使情況合理所需要的信度程度。最後，研究者需要在他們的研究裡描述信度，以便讀者能夠自我判斷是否研究結果可能被合理地重複。

18 事實——效度

從有力的源頭
最終權威湧流
欲判斷箭何往
靠弓的彎曲度

From the mighty source
Final authority flows
To judge the flights of arrows
From the flex of bows

幾種**效度**（validity）試著去回答這個問題：我們眞正測量到我們想測量的事物到了什麼程度？爲了回答這個問題，統計學家發展了許多相當出色的方法。當被問到這個問題時，人們似乎認爲，他們在效度的意義上有共識。然而，當你要求他們描述一些細節時，共識就土崩瓦解了。

缺乏共識，導致許多評估效度的方法被發展出來。每一種方法所評估的層面都有點不一樣。例如：**效標關連效度**（criterion validity）評估模型複製結果的程度。預測效度（predictive validity）評估測量能正確預測結果的程度。兩種分析都能夠被同樣的資料庫結構來完成，並且會產生同樣數値的結果。然而，那些結果的詮釋會不一樣。這種差異來自於最初產生數據的實質環境。

試著發展效度結構的共識可能是一個好的開始。其他人已經把它勾勒出來，一部分有著相當的細節。想法在於，一旦我們在其結構上達到共識，我們就能夠試著去設計更好的方法來評估它。一些統計學家暗示，所有形式的效度都是**建構效度**（construct validity，我們眞正測量且評估到意圖標的之程度）的特別案例。在定義的範圍內，我建議這必定爲眞。建構效度能夠構成一個議題的方方面面，可比擬爲一支射出去的箭，從開始到目標的旅程。有了這個定義，形成其獨有效度的任何旅程面，都能夠被視爲建構效度的特別案例。

這裡有一些特別案例。表面效度提問，對領域專家來講，是否我們正在測量的在表面上似乎有道理。**同時效度**（concurrent validity）提問，我們正在測量的與同樣特徵標準的一致性程度。效標關聯效度與預測效度稍早介紹過。這些概念導致數學等式，但不是數據的獨立特徵。更確切地說，效度是**意圖**（即，我們想要測量什麼）與**過程**（我們眞正測量的是什麼）的交叉路口。此交叉路口的方方面面，形成了各種效度的基礎。

信度與效度之間的數學關係，暗示著足夠的效度以足夠的信度爲前提。在哲學上，這些結果是一樣的。不能說一直射中靶心的箭，沒有前後一致性。研究者不能夠只評估效度的理由是，通常沒有辦法無所參酌地知道事物的實情，也就是所謂的正確測量值。有些領域把涉及「黃金準則」的信度測量，視爲具有效度的測量。在黃金準則總是正確的假設下，信度會自我轉變成效度。假設不可能每次都是正確的。假設有誤的程度影響了信度，而效度也不會好到哪裡去。大部分的讀者幾乎沒有手段可以判斷黃金準則被滿足的程度。

高中校長不需要太擔心他手上數據的效度。成績是用來反映學術成就的，雖然之前的例子指出，不同的評分模式可能存在。體育分數與社團資格相當清楚。然而，有一些事情像是收入（如同先前討論過的），可能並不足夠有效。部分原因是先前陳述過的信度問題，效度問題則來自於收入的分組。在同樣的收入範圍組別裡，高收入與幾乎無負債的生活經驗，遠遠不同於同組裡負債較多的那些人。再次，自我報告的收入數據是會令人起疑的。

公衛中心主任多年來一直努力尋求她手上測量的效度。從必要醫療服務報告居然會不同的情形，還有好的臨床結果被滿足的程度（藉由診所、醫院等等）來看，那些表現不好的機構或社區，宣稱數據因爲這樣或那樣的理由而無效。她已經知道她的數據何處堅實，何處貧弱。重要的是，她很久以前就知道，不要隱藏或忽視她手上數據的那些方面。她的數據不是她個人的反映，除非她使它們變成那樣——視爲自己的孩子。藉由獨立並盡可能公正地報告她手上數據與結果的優點與弱點，她會在稍後可能激起的討論裡保持中立。

最後這個關於效度的想法幾乎就是一個冥想。效度的基礎在於在特定情況下，證據的本質與力量。認眞思考證據二字：它是什麼？需要什麼？思考證據的水準與類型，通常可以讓我們更了解統計的意義。爲了判定測量的效度，你必須先決定證據的本質與力量，而這些證據是做出判斷所必須的。你會發現，你所需要的端賴當時的狀況，並且無法被編成一套死板的規定。

19 不可預測性——隨機性

無固定模式
變化是無常
充滿喧鬧聲
謹慎倚靠它

Patternless, capricious
Noise abounds
Carefully depend on it

隨機性（randomness）的特性是無系統性與偶然。完善地代表其母體是隨機樣本的傾向，因爲每個在母體裡的個體，都有同等的機會被囊括至樣本。隨機性暗示著不偏誤。所以，母體分配的所有部分，終究會被適當地表徵。隨機問卷會提供有用的訊息，因爲它們的資料具有代表性，只要具母體代表性的那些樣本能回收回來。如果樣本不具隨機性，那麼它們的數據就不具代表性。當覺察到一份樣本似乎不具代表性時，是時候尋求統計學家的協助，但仍然不要奢求會有奇蹟發生。某些種類的抽樣，能夠克服在執行研究前已知的代表性問題，但研究期間所發生的問題，就比較難以調合。

隨機性就是所知的大範圍屬性。如果校長要指派隨機數值於一個數學班裡的20位學生，完全有可能（但不怎麼會發生）最低的那一半數值指派給了全班的男生，而較高的數值指派給了女生。雖然這種情況幾乎不存在，其他比較可能會帶來麻煩的情況就比較常見了。例如：如果由於隨機選擇誤差的關係，選擇較高的學生來評估置物櫃的高度設計，那麼置物櫃就會太高。

許多研究者在產出他們的發現時，用謙虛的態度來處理這個問題。他們盡可能清楚地描述他們的樣本與方法，讓讀者自己判斷，結果是否能泛論至他們感興趣的母體。這不只是一個方便的訣竅，這個方法能產生知識。

高中校長與公衛中心主任，都有他們母體的大部分記錄。再者，當需要樣本時，代表性應該不會成爲問題。此外，*p*-值協助分開剩下的不確定性。

一般而言，隨機誤差被認爲最終會被自我抵銷。隨機性議題上的其他假設，隨著統計的不同而有所不同。要這樣來想，不確定性允許了統計的存在，而統計裡與生俱來的隨機誤差是不確定性的一部分。儘管如此，沒有什麼統計方法，或什麼更大的樣本，能夠剷除劣質抽樣所產生的問題。

20 代表性——樣本

抽樣的目標
在於代表性
差異要多大
資源充足否

Sampling's goal?
Close enough
Resources rule

抽樣（sampling）是一種有效率的統計方法，它用有限的資源去估計更大範圍的數值（即，有根據的猜測）。存在幾種抽樣技術，分別處理不同的情況以最大化資源的利用價值。不同的抽樣設計，共享少數幾條規則：

- 更多具有代表性的樣本，產生更好的結果。
- 其他條件都一樣，大樣本產生更好的結果。
- 大樣本無法彌補糟糕的抽樣計畫，或者是優質計畫，但卻執行不力所帶來的缺失。

例如：在大城市裡進行民意調查所產生的「角落問題（corner problem）」，這會少算了一些資訊。逐戶訪談的調查費用以覆蓋的街區爲計算單位。在兩街交叉的角落建築物，經常會被某人視爲是他人的責任區。結果就會有住在角落建築物的人們，沒有被抽樣的問題。現在，我們要問，這種缺乏代表性的問題有嚴重到會損害任何的分析嗎？也許會唷！每平方哩具有較多角落的區域，與其他區域比較起來，會有不成比例的低代表性。州政府對道路和公共設施建設的補助，要依據人口數，所以角落住民的漏算就會有影響。樣本與抽樣一定要考慮到總體與其子範疇的代表性。

現在，來到抽樣的主要問題：「我需要多少個對象……？」答案幾乎不會是一個數值（「可能比你能夠提供的要多」比較有可能是正確的，但卻不受歡迎）。理由是，大的差異比較容易被發現。人們知道這個現象，並且想要發現大的差異，但被逼著尋找較小的差異。

你想要找到多大（或多小）的差異？例如：需要多大的樣本才能知道是否一位職業拳擊手能以一拳打斷一個人的鼻梁？一個樣本。需要多大的樣本才能看出冥想「輕」這個字能減少體重？比一個樣本還要多很多。大的事物容易找到；小的事物比較難。接下來，就是一連串的樣本實現過程。對大部分人們而言，抽樣的最困難部分在於決定多大的差異具有實質重要性。一旦決定了這個問題的答案，下一個議題就在於是否資源充足，可以讓研究者獲得必要的樣本量。

決定抽樣的方法以及需要的樣本量是統計學家要面對的辯論主題。大部分的過程被公式所驅動（選擇性使得辯論更加熱鬧），但這個過程也被當時對特定狀況的判斷所驅動。從教科書的抽樣範例轉移到實際的應用研究情況，研究者會發現，許多教科書裡所說的假定與條件在實際情況裡缺席或被違反。

因此，對大部分的人而言，只要是隨機抽樣以外的抽樣法，都需要統計學家的參與。方法學很快就變得很複雜，而要解開非隨機才能具體詮釋統計。儘管如此，當使用母體裡的每一位都可以被抓住（理論上）的電子化數據時，許多抽樣議題就變得不重要了。對高中校長而言，他的問卷調查能夠被送達他想要研究的對象。公衛中心主任知道她的數據裡有巢狀（第44章）現象，而她在研究早期就帶來了她的統計學家。鄰居以種族身分而分類，是巢狀的例子。此外，地方的醫療記錄完整性不盡相同，所以要擔保州的代表性就相當地複雜。她發現，要理解抽樣理論，就要想像自己手上握著一把沙。當她一開始拾起一把沙時，她擁有它，過了一會兒之後，她發現許多的沙從她指縫漏走。

許多人發現，統計概念似乎消逝地相當快，就像沙一樣。統計概念不同於日常生活，因爲它們是機率式的。人們喜歡相信事物有沒有發生，而非它們可能發生或可能不會發生。事實上，統計學的一個分支，項目反應理論（item response theory），答對一個題項不會得一分，答錯也不會得零分。達到一個正確答案要算入機率，而測驗總分還要透過另一種演算法。總加答對數，然後除以總題數的日子已經過去了。現在，在你答錯的題項上會得到一些分數；在你答對的題項上不會得到全部的分數；在某些測驗上，你甚至會在沒有出現的題項上得到部分的分數。抽樣與樣本已經帶領我們深入統計的路徑——有些人或許會說走得太深入了，其他人只是成爲驚訝的旁觀者。

抽樣的目標在於代表性。大樣本比小樣本產生更準確的結果。這兩個簡單的事實將不斷被提起。

21 疏忽——誤差

含糊與近似
存在的基石
就在這其中
眞相探出頭

Ambiguity and approximation
Cornerstone for existence
Truth pokes through the middle

統計裡的**誤差**（error）有三種形式：抽樣誤差、測量值誤差以及估計誤差。**抽樣誤差**（sampling error）指的是母體沒有被樣本忠實代表的程度。**測量值誤差**（measurement error）指的是被觀察分數被視爲隨機噪值的量，並且不是測量值的一部分。**估計誤差**（estimation error）指出眼前統計估計值的可能範圍。

科學化的抽樣技術與大樣本，能降低抽樣誤差。有策略的、心理評估過的、重複測量的設計，能降低測量值誤差。大樣本與更好的模型能降低估計誤差。

多重測量值可能消除測量值誤差。雖然測量值誤差降低了個別數值的精確性，但是來自於許多測量值的估計，會是相當可靠的。集合幾個測量之後，誤差的量還剩下多少，要看許多議題。一般而言，一項研究裡有著更多的人或測量，就會有更少的誤差能影響結果。此外，在相對小的母體裡，愈大的百分比被研究，答案的準確性就愈高（但這種傾向在巨大母體裡就失靈，像是城市裡的人口數）。

高中校長手上的數據具有很高的母體代表性，而且大部分他想要研究的事物，都有多重測量。他不太擔心測量值誤差。公衛中心主任手上的電子化數據，也具有很高的母體代表性，但她的調查百分比，對於那些有資格獲得醫療補助的母體來說，是相對小了點。幸運地，在抽樣到達一個關鍵門檻之後，繼續抽樣下去所得到的訊息就很少了，與它可能代表的母體百分比沒什麼關聯。

22 眞實與否——離群值

伸頭吐舌一條蛇
繞成圈狀似繩索
無論如何會咬人

A snake!
Coiled rope
Bitten anyway

離群值（outliers）就是在典型數値範圍之外的數據。它們可以是眞實的，或者是一種數據錯誤。是否要移除離群值，就要了解數據是否可能是眞實的，或可能是虛僞的。不符合期待的眞實數據，通常含有寶貴的訊息，指出它爲何會在那個地方。這種類型的訊息，幫助我們了解複雜系統的眞實驅力。

決定何者數據是眞實的，何者可能是錯誤的，通常被簡化成一系列有根據的猜測。重要的是，這些似乎微不足道的離群値判定，會對分析的結果產生巨大的改變。同等重要的是，這些決定過程幾乎不被記錄在報告裡，這讓讀者幾乎無法獲得證據來支持這些決定。

你應該丟棄離群值，然後使用看起來更整齊，但較少代表性與較少訊息的數據組嗎？或者，你應該把離群值留在數據組裡，然後冒者錯誤數據影響結果的風險，而這個風險有時候是巨大的？你面臨著兩種不情願的選擇，但這就是數據的本質（**會咬人**）。

經驗告訴我們，處理離群值通常走的是務實主義。高中校長與公衛中心主任，面臨著類似的問題與類似的決定。他們都選擇妥協，試著在接受太多潛在錯誤與丟棄潛在重要訊息之間，尋找平衡點。然後，他們祈望有好運。他們希望妥協的方法只會對結果帶來輕微的擦傷，而不是嚴重的咬傷。雖然存在經驗法則，但當移除離群值（此處爲**錯誤**）背後的驅力，攔住了數據的眞實訊息內容時，這些法則很快就失靈了。

23

阻礙物——混淆

嫌犯被捕
罪行確定
眞賊在家
安然飲茶

A suspect was captured
His conviction assured
While safely at home
The real thief sipped tea

讀一篇研究報告幾星期或幾個月後，才發現原來答案是相反的，這種事有多常發生？理由通常來自於混淆因素。**混淆因素**（confounds）可能是眞正要負起數據變異責任的變項，但其效果沒有被考慮到。這也就是說，一個混淆因素是一個同時與依變項與自變項產生關聯的變項，但其影響沒有被排除或被考慮。

有三種用來調和潛在混淆因素的方法。第一種也是最佳方法，就是透過研究設計，好的設計可以事先排除貌似合理的混淆因素。第二種就是透過統計，統計方法控制住了這些變項的衝擊。第三種也是最弱的方式，就是訴諸邏輯與辯論，也就是「這是件人人都清楚的事……」策略。很少期刊會接受第三種技術。大多數有聲望的訊息通路（期刊、書籍、國家級媒體等等），偏好第一種方法，但也會接受第二種方法的有力證據。他們和研究者一樣，都想要得到眞理，理由是眞理最終會趕上他們，儘管有時候並不容易。

混淆因素是研究者因爲沒想到而缺少的因素。混淆導致「爲什麼沒想到？」時刻。當混淆最終被發現時，就是研究者在其專業生涯感到尷尬的時刻。無論研究者有多努力，他們無法每一次都面面俱到。這種情況就像是丟失很少使用的東西，東西的擁有者，可能幾個月或幾年，有時候甚至不曾發現這些東西不見了。想到應該在模型裡但卻沒有的項目，比發現不應該在模型裡的項目還難。模型奠基於理論與經驗，歷史告訴我們，這兩者都易受額外訊息的影響。

優質的研究設計是抵抗混淆的最佳防線。好的研究設計會孤立被研究的主角。這種孤立，使得介入或實驗能為依變項的改變負起責任。然而，在眞實世界裡，孤立很難實現，所以很難完善對特定情況有所影響的知識。

大部分的複雜模型，其設計初衷就是要以統計方法來調和認出的混淆因素。事實上，許多更奇特的技術被發展，以便在不同情況下控制混淆。這些技術移除了假定的混淆對結果所造成的衝擊。雙胞胎議題首先想到了混淆，有哪些可能的混淆，然後要找出適合的測量方法。這些任務聽起來就不容易了，可想而知，實施起來會有多困難。

我們的兩位研究者，從一些先前的研究發現退縮了回來，因為稍後發現的混淆因素。兩位都不想要再經歷這種經驗。高中校長曾經發現運動員很少上學遲到。然後，他發現老師們不願意注記他們遲到的情況，因為這樣會讓他們當週無法參加訓練。他發現其他學生抱怨導師不公平。高中校長不只對錯誤的發現感到尷尬，他也對老師區別性地執行學校政策感到憤怒。混淆的發現揭示了學校的問題。

有一個研究的現實難題，那就是你不是沒想到，就是無法控制可能要對研究發現負起責任的所有事物。為了發展知識，承認犯錯與避免錯誤同樣重要。通常，指出他人的錯誤促進了知識。有時候，我們是錯誤的那一方——另一個好的理由讓我們謙虛地呈現結果。

想像一下，新聞記者報導以下的故事。標題是「學數學有助語文成就」。這位記者發現，高中學四年數學的學生，在標準化數學測驗上的得分，高於只學習兩年數學的學生。雖然較高的數學測驗分數並沒有使這位記者感到訝異，但是他注意到這些學生也具有較高的英文測驗分數。他下結論說，學更多的高中數學可以帶來額外的英文學習成就，所以應該讓更多的高中學生學習更多的數學。稍後，這位記者發現了混淆，那些學習四年高中數學的學生是比較聰明與上進的學生，即使他們沒有多學兩年數學，他們也可以在兩種測驗上表現較好，這讓記者尷尬。

混淆的揭露可以是一個當頭棒喝的時刻，它們會是「我爲什麼沒想到？」的時刻。從某種意義上來說，我們處理混淆的方式，不管是在研究結果前，或研究結果公諸於世後，都有關於我們的內在。以謙虛與風度來處理混淆，但更重要的是，以一種無法避免的幽默感來處理混淆，因爲你無法每一次都那麼幸運。

24 麻煩——共變量

原因爲何
如何知道
需再考慮
可能成因

What was the cause?
How do you know?
Reconsider!

共變量（covariates）是干擾正確結果的特徵或議題。如果它們沒有被調和，就變成統計形態的混淆。共變量協助回答這個問題：「你怎麼知道結果不是這個或那個所造成的？」那些問題都很棒，而好的研究必須能夠適當地回答它們。當我們使用統計來回答幾乎是人爲環境裡的問題時，共變量是那些需要被校準或控制的特徵。共變量被用在像是共變數分析[6]、多元迴歸[7]、區別分析以及典型共變數分析（canonical covariance analysis）裡。（這些稍後都會提到。）

通常，共變量萌芽自沒有被眞正隨機分派的組別。在現實生活研究裡，很難做到眞正的隨機分派，讓組別在所有的意圖與目的上都平等。共變量被用來試圖克服一開始的組別不平等。不論使用多少個共變量，結果還是不如眞正的隨機分派。雖然共變量是不完美的調整方法，但還是使得大多數的研究變得可行，並且具有科學上的可靠性。

共變量是強效藥丸，它們需要被謹愼使用於幾乎是非常大的數據組裡。數據本身並非完美地符合隨機性。共變量傾向於

6 譯注：考量到其為變異數分析（ANOVA）的一種選擇，原譯「共變異數分析」（ANOVA），後改為常用譯名，讀者可斟酌參考。

7 譯注：原譯「多重回歸」，後改為常用譯名，譯者可斟酌參考。

利用數據的非隨機面而使模型過適（overfit）。如果一個過適的模型被應用於新的樣本上，結果的差異會讓我們懷疑是否兩份樣本來自於相同的母體。依據結果的重要性（例如：有多少人會受影響），研究者想要看到每個共變量至少10個對象（例如：較低風險的小型學生計畫），到至少幾百（例如：能影響大眾健康的公衛政策）。

回想三種克服混淆的方式：優質研究設計、統計控制以及訴諸邏輯。共變量是統計控制的彈藥，它們是招致統計控制的關鍵。在支持研究結果的效度方面，似乎無止盡的問題像是「你有想過……？」、「你如何控制……？」以及「它難道不會是……？」都大致能透過深思過的共變量與好的研究設計來對付。

高中校長大概需要認真考慮使用共變量。一些比較必須在學術能力上進行校正。例如：參加科學社，會不會在成績上表現得比沒有參加的較好？那麼這種比較就要在先前的學術成就差異上進行校正。先前的成績、先前的課程難度（即，是否是大學先修課），以及標準化測驗分數，都能夠用來當作進行校正的共變量。

校長最大的難題在於共變量太多，而學生數太少。即使是一個大的班級，也只有30位學生，有些榮譽班級只有17位學生。他必須有所選擇，避免過適其模型。

他尋找自然情境下的實驗（natural experiments）：自動地有助其研究的情況[8]。例如：50位學生依據姓氏分成兩組，修同樣的課程。每隔一個姓氏到組A，其他到組B。剛好有一堂正要開課的美國歷史。這兩組（相鄰的兩節課）的教材資源，上課日期與地點都一樣。連測驗都一樣，只有選擇題，沒有主觀評分的餘地。唯一的不同點在於其中一組由新手教師教學，而另一組由一位得過七次年度教師獎的二十年資歷教師進行教學。

有了這麼棒的自然情境實驗在手，高中校長就能夠檢定這兩組成績的平均（平均數）差異，不需要共變量，因爲所有必須的起始點幾乎都相等。實際上，這兩節課的學術起始點都相等。有了這個自然情境實驗，高中校長能夠使用*t*-檢定（第41章），看看是否教師的背景與經驗差異，與美國歷史課的學術成就差異有關。

公衛中心主任會使用一些共變量，即使她的大多數測量，來自於每個在她的母體裡的人所應該接受的臨床服務。她從經驗中發現，不當地使用共變量會移除她正在找尋的問題效果。理由是，當研究者正在找尋一個變項的效果，但控制一個與其

8 譯注：這裡指的還是觀察研究（observational study），但是自然情境使得處置（treatment）與控制（control）變項，自然而然地具有實驗設計的特徵。

有中至高度相關的變項時，與控制有關的那一部分就丟失了，好像它的效果隨著變項裡其餘的訊息一起被移除了。把這種現象謹記於心，她會使用一些共變量，但如何使用會很小心。例如：如果一個或更多的族裔，實際上遠遠比另一個族裔富有，控制住財富會移除族裔之間的巨大差異，可能導致族裔在這個主題上無關的錯誤印象。理由是，把財富控制住，與母體裡的均等財富是兩回事，一些族裔仍然比其他族裔較不富有。財富與族裔相關的事實，意謂著從族裔效果移除財富面，會創造一個錯誤的條件，憑此，族裔係數會缺乏其財富影響力，但現實情況下，此影響力仍然存在。[9]

---

[9] 譯注：此段，作者把多元迴歸分析（multiple regression analysis）裡的多元共線性（multicollinearity）議題，解釋得淋漓盡致。

25 背景——自變項

現在描繪我
觀點的組合
似乎不再有

Picture me now
A portfolio of views
Like never again

自變項[10]（independent variables）是引起差異的組別與背景變項。例如：我可能想要知道，是否民主黨員與共和黨員的平均身高是不同的。如果是這樣的話，他們的組別聯繫會是政黨。我們想要看看，是否組別聯繫有關於平均身高的差異，也就是我們的問題。問題的標的變項是**依變項**（dependent variables，第26章會談到）。因此，自變項來自於兩種類別：感興趣的變項（通常是能夠回答問題的組別變項），以及共變量變項。在大部分的案例裡，它們在統計模型與測驗裡被處理的方式是相同的。差別在於，是否我們想要詮釋它們的衝擊力，或讓它們成爲控制變項來對付不均等組別的情況。

高中校長會使用班級課程、社團球隊，以及人口統計學訊息來分組。他會確認測量的類別符合所使用的技術。他會試著避免**代理測量**（proxy measures，即感興趣特徵的間接測量，此處，更明確的變項無法獲得）。代理測量就如同共變量，是不完美的控制，可能會校正過了頭，偏離原本的意圖，維護這些潛在議題的效度，等於保護了他的科學研究職涯。

公衛中心主任會使用幾種代理測量作爲自變項，即使她可能偏好其他方式。許多她能夠得到的數據，都是聚集層次的（地理或行政區域的平均）。例如：她有投票區的收入數據，雖然她偏好個人的收入數據。儘管如此，她對她的研究結果保持謙虛，避免了好像把她的自變項拿來代表直接測量值的尷尬。

[10] 譯注：原譯「獨變項」，後改為常用譯名，讀者可斟酌參考。

26 標的——依變項

注意力的焦點
關於我的問題
點燃議題爭論
觸發研究進展

Center of attention
Questions asked about me
I spark controversy and progress

依變項（dependent variables）是問題的中心焦點。它們是被闡述議題的重要事物模型的標的。所以，依變項會是真正引起人們興趣的測量。說得更明確點，人們想要知道，何種議題影響了依變項，所以他們也能夠如法炮製。這種思路形成了公共政策與其研究的基礎。

依變項的測量類別能夠深深地影響統計技術的選擇。認真思考你的依變項是如何被測量與建構的。研究初期的問題階段，與統計學家的對話，能夠發現如何精煉問題以更好地符合數據特性的機會。

此處，有兩位興趣差異非常大的研究者。高中校長最關心的是不同計畫與教師，對學生的教育品質所帶來的影響。高中在學成績因此總是會成爲他的依變項，尤其對一些更複雜的模型而言更是如此，因爲成績差異的原因有很多。

公衛中心主任想要了解，何種公眾健康議題的經濟效益最高。她的依變項是大範圍的公眾健康測量，像是兒童免疫接種率或老人流感疫苗接種率。她的一些模型會使用二分或名義數據類別的依變項。使用這類數據要特別小心，詮釋這類結果也要特別謹慎。她比高中校長更需要一位統計學家的幫助。

放聲高歌差異
大吹獨特音符
誰會在意樂譜

27 不均等——標準差與變異數

Difference sing out
Trumpeting unique notes
Who's minding the score?

差異是重要的，它們含有訊息。知道爲何某事或某人是不同的，比知道它們如何地不同更重要，雖然知道如何地不同建構了選擇正確統計技術的基礎。**標準差**（standard deviation）測量一組可比較尺度（測量的單位）的離散差異程度。用相對於常態分配曲線與其鐘形樣態的中心點來表徵。例如：以IQ分數而言，標準差大約15分（平均數大約100分）。左右距離平均數一個標準差的區域，大約含括了68%的人；二個標準差大約包含了95%的人；三個標準差大約把全部的母體都涵蓋了進去。在常態分配曲線下，超越了三個標準差，不論在哪一個方向都罕有事件會出現。以巨大母體而言，像是國家，即使是鐘形曲線的尾（過了三個標準差），都代表了許多人。儘管如此，以比例而言，仍然只占常態分配曲線的一小部分。標準差的大小，代表了一個特徵裡的不均等程度。相對大的標準差暗示，測量結果的不均等程度大於相對小的標準差。如果標準差爲0，那個測量就沒有統計資訊內涵（information content）。例如：如果全部的樣本都是6呎高的人，就無法檢視某事物上的身高衝擊力，因爲沒有其他身高的數據（也因此沒有資訊內涵）；因此，沒有框架讓我們參考，以便對關於身高的衝擊下結論。電腦只會給我們晦澀難懂的錯誤碼，但結果是一樣的。沒有變化意謂著沒有資訊內涵，這意謂著沒有可供下結論的參考框架。資訊內涵構成統計的重要參考框架。

我不認爲花時間解釋，爲何標準差乘以自身（即「平方」）是另一個有用的差異性測量，是值得的，它稱作**變異數**（variance）（事實上，變異數的平方根就是標準差，但在作用上，我們發現我們自己處在相同的立場）。雖然變異數對統計學家而言是有用的，意義上不好翻譯。例如：收入的變異數測量值是金錢的平方，組別大小的變異數測量值是人的平方。一個被平方的乒乓球看起來如何？雖然對統計學家的用處多多，但對大部分的人而言，把標準差與變異數想成是「資訊內涵」或「不均等測量值」的類型就相當夠用了。

作爲不均等測量值，標準差與變異數能夠使社會裡的最好與最壞凸顯出來。雖然在它們的數學公式裡，沒有根深蒂固的社會價值，它們的應用面通常有刻意性，這意味著它們臣服於研究者的個人價值觀。再次，研究者需要小心應用他們所有數據與系統的知識。用敏感的測量值，像是IQ，指出組別差異，會引起相當大的波瀾。不同的測量指出不同的關係，不論其是否符合我們的文化。關於我們在什麼地方要或不要涉入，我們都需要做出個人的判斷。統計就像科學，在應用上並非價值中立，儘管一些反對者可能有其他的看法。關於性別、族群、社經階層以及許多其他日常生活的特徵，都能夠導致傷害性的結果，如果沒有秉持著預期的顧慮來處理這些主題與背景的話。當我們製造出一顆炸彈，我們知道它可能被使用。當我們呈現一些可能傷害一個特定群體的統計時，我們需要具備同理心與反思能力。當在人性面上有所差池時，統計應該發揮其論辯交戰功能。

高中校長與公衛中心主任在理解與使用標準差和變異數方面很雷同，他們都把它們視爲資訊內涵，或許是更重要的不均等測量值。對統計而言，不均等不是價值判斷，它僅僅是什麼東西存在的陳述，並且能夠導致爲何差異存在的有趣議題。這是個值得記住的要點，並且有時候值得辯論。好的研究在個人價值、研究取向、分辯詮釋，以及所有爲了回答問題而產生的決定上，是公正無私的。然而，沒有人是價值中立的，我們都是過去與無所不在的制約所造就的產物。宣稱任何人都能脫離這種制約的束縛，就是犯了做研究的典型錯誤——狂妄自大。我們無法完全地公正無私，無所不在的文化制約、教育的內容與方法，以及尊敬的領導，幾乎都在防堵公正無私的觀點。所以，當我們試著盡可能公正無私時，我們必須坦然接受，在態度上犯錯或有下意識偏誤的可能性。不管我們喜歡或不喜歡，我們都需要接受這些，因爲我們的偏見會影響我們的結果。持續提醒自己要注意這些議題，能夠幫助我們正確地使用統計知識。

一個證實的案例
是受歡迎的英雄
令人鼓舞的支持
但玻璃下巴易碎

28 證實——不，駁斥

Popular hero
Cheering support
Glass jaw

統計沒有**證實**（prove）任何事。統計學家打從一開始就幾乎放棄了那個概念。爲何？簡單地說，統計靠的是機率（機率從數據而來，數據從樣本而來）。機率永遠是大於0%，小於100%（即使以一個很微小的量來看）。統計不擔保任何事。雖然有數以萬計的支持案例使事實不容置疑，但卻會被一個例外給破壞。找到另一個**證實**的案例，只是找到另一個支持的案例，並沒有證明些什麼。所以，在統計的世界裡，我們只能試著去反駁。事實上，我們試著去尋找例外。當涉及統計時，絕對的聲明具有易碎的玻璃下巴（注意：即使那樣的陳述是夠格的）。

經驗的洗禮使得高中校長與公衛中心主任，都不在研究報告裡使用**證實**這個字眼。他們說的，不是駁斥虛無假設（在下一章裡會談到），就是無法駁斥它。他們架構問題，以便使用統計去反駁這些問題——也就是找到例外的證據。他們也知道，缺乏證據不是沒有證據。我們沒有找到證據，並不意謂著證據不存在。

用統計無法證實什麼，這讓我們更想知道怎樣才能主張因果關係。因果對統計學家而言，是奇怪難解的領域，它使他們不舒服並且提高警覺，因爲單憑統計很難建立因果關係。所有人爲條件的手法，都在試著要讓統計從它本身能夠做得不錯的地方（即，滿足關連的問題），移至更具決定論的範疇。

29 沒有差異——虛無假設

我宣稱沒有不同
鳴槍參賽者起跑
能否找到差異處？
是否終將會知道？

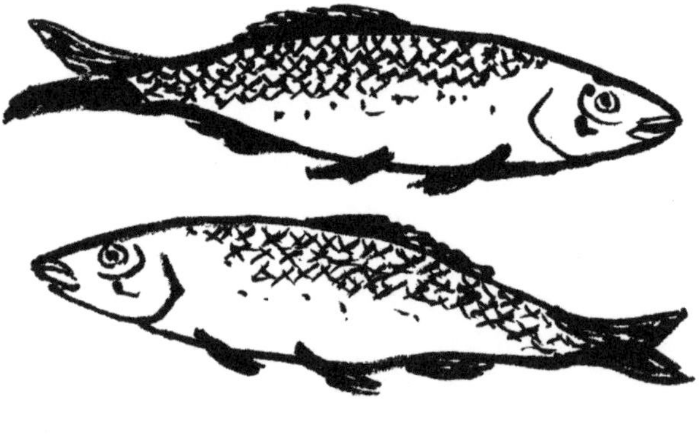

"No different," I declare
The starter's pistol sounds
Can a difference be found?
In time?

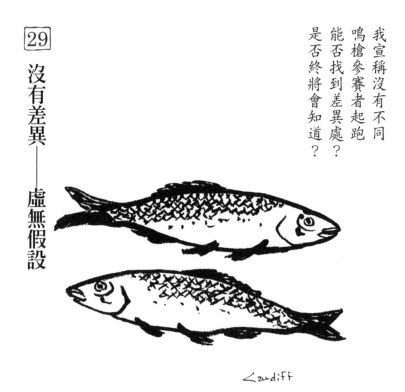

虛無假設（null hypothesis）把感興趣的問題丟給統計檢定。沒有差異的宣告是很正常的，像是「兩種教學法的平均數學分數是一樣的」（即，沒有不同）。對立假設（alternative hypothesis）通常是對立面，例如：兩種教學法導致不同的平均測驗分數。這種方法有個很大的好處，因爲最終只會留下其中一個陳述：(1)這些測量值不具有統計上的差異，因此是一樣的；或(2)這些測量值很可能來自於不同母體的樣本，因爲它們具有統計上的差異。第一句陳述支持了虛無假設，因爲分數來自於相同母體的機率太大，以致於無法拒絕虛無假設。第二句陳述支持了對立假設，因爲機率太小，以致於無法主張這組分數來自於相同的母體。統計上而言，無法指出差異意謂著虛無假設仍然站得住腳。手上的研究問題可能稍微複雜化了這些決定法則（例如：有著三個或更多的組別），但基本過程是一樣的。一個沒有差異的假設，伴隨著某種對立假設。

在**雙尾檢定**（two-tailed tests）裡，這些假設暗示結果可能更好或更糟、上升或下降、變得更高或更低。新的數學教學法可能導致更高或更低的分數，對這種情形而言，對立假設會是新教學法導致平均分數的差異。記住，虛無假設說兩種數學教學法的平均分數是一樣的。大多數在期刊裡所看見的統計檢定，都是雙尾檢定，它們更爲保守，並且通常比單尾檢定有著更好的現實代表性。雙尾檢定是目前絕大多數統計軟體的預設值，要使用單尾檢定，你需要一個很好的理由。

對**單尾檢定**（one-tailed tests）而言，對立假設是單邊的——例如：新的數學教學法導致較高的平均分數。虛無假設可能保持不變[11]，注意，並沒有提到新的數學教學法會導致較低平均分數的可能性。要小心單尾檢定。雖然它們有時候可能是適當的，單尾檢定能夠用訴諸邏輯的方式，讓接近統計顯著性的結果看起來具有統計顯著性。我們已經在混淆議題的篇章裡（第23章），討論到了訴諸邏輯的相對力量，此處，應用邏輯至統計的力量，並沒有比混淆的議題要強。

高中校長會用到虛無假設，但不會在報告裡使用它們。他的工作內容不需要投稿至期刊，只需要把數值呈現給家長會與董事會成員。所以，當他使用統計檢定時，遵循傳統指定一個正式的虛無假設並不是必須的。

高中校長與公衛中心主任都知道，他們有的證據不是具有支持性，就是具有反駁性，沒有更多。這種永遠的暫時性心態，是獲取運用統計所得到知識的必要代價。隱藏在心智背後

---

[11] 譯注：此處，如果虛無假設保持不變，那麼就是假設兩種數學教學法的平均分數是一樣的，這也稱為精確虛無假設；如果虛無假設說，新教學法的分數與舊教學法一樣或更低，這就叫作非精確虛無假設。

的一小塊處女地，讓我們對事情保持懷疑。有兩個理由使我們保持猶豫：樣本的性質與認識論（epistemology）本身的性質。

樣本的性質包含了它們不可能完整的特性，否則，在定義上它們就是母體了。這意謂著，關於母體的某些未知的訊息量，妨礙了來自於樣本的論證意圖，而那個例外可能潛伏在某處。此外，證明對樣本而言是太超過了，而統計學家大體上喜歡有點彈性，不然結果與預測的不同就尷尬了。

就認識論而言，人們的所知端看所知是怎麼被知道的，這每個人都不一樣。我們對主題與事件的認知，來自於我們所獨有的觀點。比如目睹一件警匪追逐事件，一位警察與一位到訪高官的關注點會不一樣。統計也不例外，遑論人們對數據的條件所做出的判斷（即，刻意與策略性地建構與編碼一個資料庫，以促進研究的分析部分）。我們知曉事物與其細節的狀況，扼住了我們的知識與記憶，這種壓抑與數據的關係不大。我們需要防範這種獨特的理解，避免其滲入數據分析。

因此，結果相當依賴發現它們的途徑，數據的條件與用來闡釋問題的統計，都會有所影響。這種不經意的人爲創造、指導、調整以及無關地詮釋研究協議的細微模糊面，實在是太常發生了，而且反映在研究結果的不可複製性上。在建構統計模型（下一章會談到）時，這種情況常常發生。

30 簡化主義——模型

太多要帶
何爲必需
忽略其餘

Too much to carry
What is needed?
Ignore the rest

模型（models）是濃縮現實的有用方法。它們是吹開迷霧的風，並且克服了數據的大部分野性，以便讓我們看見問題的答案。模型試著聚焦於對回答我們的問題而言，很重要的明顯特性。模型把現實減化爲可以被處理的訊息量。當研究者切入大量數據時，他們做出許多能夠扭轉研究結果的決定——如此多的決定，以致於它們幾乎不會出現在研究報告裡，即使當時有記載。許多這些決定在稍後被視爲貌似合理的混淆因素，並且在接下來的工作裡被消除，導致不同的發現。儘管如此，好的模型能夠讓我們對複雜的情況產生洞見。

高中校長會使用許多簡單的模型，像是相關或平均成績差異的分析（即，平均數的差異）。他會執行很少的複雜分析，來對付學生在課程節數裡、課程裡，或任何這類「巢狀（nested）」情況裡的分組。他知道，他需要統計學家的協助，在情況變得比二到三個均等組別的比較還要複雜時。因爲，統計與數據的條件很快就會變得非常複雜。

公衛中心主任發現，州政府補助的人們主要以鄰近區域與接近狀況來分組。她認識到，許多她感興趣的服務，都預期要照顧到母體裡的每一個人。這些服務（例如：肺炎疫苗）受制於不同的公眾施打率，因爲公眾對疫苗的信心有強有弱。她需要讓特定地理區域的疫苗供應方更具有說服力，而這些區域要相對容易去定位，爲了達成這個目標，她使用巢狀或階級（hierarchical）模型。

31

風險——機率

無法說是
也不是非
兩者之間落在何處？

Not yes, not no
Between
Where?

我們要如何計算接近現實的機率，而非隨機猜測？賭博的歷史在回答這個問題上，扮演了一個重要的角色。有錢的地方就有動機。投擲硬幣、丟骰子，以及玩牌這些活動裡，都能找到大量的動機。人們押注，因此開始盤算著勝算，也要求朋友幫忙算出勝算。幾個世紀以來，人們花時間徒手做這件事，而你現在有了現代統計學機率。幸運如大部分的我們，理解那種機率的意義相當容易，並且不會在統計方法的選擇之間改變太多。

當我們說：「可能有差異。」統計估計我們可能會犯錯的百分比，統計使用變項的知識與其分配，透過機率與**信賴區間**（confidence intervals）（第37章）來估計差異。測量愈符合統計技術的需求，估計的機率就愈準確。機率稱爲*p*-值（下一章會談到）。

我們的兩位研究者知道，他們的結果是應用理論世界的公式在非隨機與混沌所支配的局部系統所獲得的。風險機率、潛在的錯誤、包容含糊性的謹慎措辭，以及其他局部情況的特定性質，都是統計世界的特色，它們僅僅是風景與沿途事件的元素，而不是黑暗嚇人的地方。

高中校長與公衛中心主任知道這個主題的兩條關鍵訊息：他們知道*p*-值是統計最終產物的特定機率，並且他們也知道要很小心地詮釋它們，理由在下一章裡會談到。

32 不確定性——*p*-值

分析結束
結果開始
如履薄冰

End of analysis
Start of results
Thin ice

統計藉由量化來馴服含糊性。我們事先決定我們願意冒多大的風險，如果站在有差異的這一方因而拒絕虛無假設是錯的。在許多情況裡，人們設定5%的風險，因此會經常看見0.05的統計顯著性。在接受別人的判斷之前，捫心自問是否這是個可接受的答題風險。如果問題是離你家只有1哩路之遙的核電廠爐心熔化的風險？你可能得更確定點，在接受答錯的風險之前。對其他的狀況而言，5%可能太嚴格了，因爲答錯的傷害很小。逐案的判斷是令人生厭的，但通常值得這麼做。願意想透這類議題是個研究美德，因爲它在計畫的方方面面幫助了研究者。

此處，呈現詮釋一個*p*-值的傳統方法。當檢定一個虛無假設時，如果虛無假設爲眞而結果的*p*-值爲0.04，那麼可能由於抽樣誤差，而讓我們想要重新執行檢定的機會是100次裡只有4次。接下來，我們也許會說，結果指出樣本可能來自於不同的母體（即，結果不一樣，因此它們不同）。

請注意，統計學家不會僅憑*p*-值就下結論說出明顯的差異大小，因爲*p*-值沒有透露任何關於差異大小的訊息，它們只說出，數學上的差異估計值或許來自於抽樣誤差的可能性，而非反映樣本來自於不同母體的可能性。許多人誤以爲小的*p*-值暗示了大的差異，但它們並沒有，它們僅僅意味著更大的信心，相信組別之間所看見的明顯差異，是樣本並非來自於相同母體的眞實反映。雖然當其他條件都不變時，大的差異能夠並且確實創造了小的p-值，伴隨著巨大樣本量的小差異也能夠導致小的p-值。作爲許多計算過程的結果，p-值協助平衡了幾個參數與輸入信息。

有時候，出版的報告會包含計算至好幾位小數的p-值，代表每組約20人的兩組差異，這是對精確性的誤解。要謹防統計裡不得體的精確性，因爲它可能指出，在應用統計至眞實世界情況的這方面缺乏訓練。也請記住，統計是一種有根據的猜測。呈現計算至好幾位小數的統計，暗示著我們的模型也似乎有些不得體的確定程度。

我們的兩位研究者一直在考慮著這些議題。他們把統計軟體所產出的四位小數p-值呈現出來，並且都使用0.05作爲門檻，但有著不同的理由。高中校長被聽見自言自語地說：「幹嘛惹麻煩？」他幾乎不曾被挑戰過，而他所有的格式都被設定接受四位小數的p-值。在他看來，沒人會在乎，所以爲何他要在乎？在考慮他的結果這方面，他可能是正確的，但在考量統計這方面，他並不正確。他也不創造高風險的統計，這意味著很少有眞正重要的改變只奠基於他的發現。對他而言，堅持0.05的門檻風險似乎是一個很好的使用標準。

公衛中心主任認爲，統計軟體的製造者考慮過這個議題，也因此在呈現四位小數這方面大概是正確的。她有非常大的樣本，這能夠支持四位小數的*p*-值，但她沒有意識到，這四位小數的存在可能是在協助較小樣本的*p*-值能夠四捨五入至二位小數。或者，此輸出的準確性在大部分的統計軟體裡是個可定義的選擇。爲什麼要有這些預設的位數，背後也許並沒有堅實的理由。在任何的案例裡，她的報告幾年來都有四位小數，而在未來也可能繼續這樣做。她的一些高風險統計也會被大樣本深深地影響。她決定設定她的風險爲0.01，因爲她相信公眾衛生的重要性與大樣本，能夠爲更保守的風險門檻提供辯護。她能夠設定一個可接受的風險門檻爲0.001，而在她大部分的工作裡，這並不是一個多麼嚴苛的標準，因爲她的樣本是那麼地巨大。讀者或許會認爲，那種等級的風險過於保守，會錯過重要的發現。即使是一個可接受風險的決定，都可以有政治成分。

研究者必定要能夠爲每個他們所做的決定進行辯護，即使那些決定是去接受軟體的預設值。研究者甚至可能沒有覺察到他們正在做出這些決定，而最終，很少決定會被挑戰。與充滿挑戰的情況相比，缺少挑戰會導致較不謹慎與較無自省能力的統計工作。

33 期望——卡方

彈性
有用
友善

Flexible
Useful
Friendly.

通常，使用**卡方**（chi-square）統計來檢定比例之間的相等性（沒有差異的虛無假設）。雖然卡方有多種形式以適用不同的目標，但幾乎所有人都在問，是否一組裡的比例分配同等於其他組，並且不依靠常態曲線的支持。這種不需要常態曲線的自由，使得卡方很適用明顯不具常態分配的數據。如果某人想要知道，學校督學與警察局長的投票模式是否有所不同，那麼卡方會是一個很適合的統計檢定。

高中校長與公衛中心主任，都會在他們的工作中使用卡方檢定。這類的統計檢定相當穩定，需要的假設很少。當是否具有差異的問題以比例來架構時，卡方統計就派得上用場。

卡方檢定特別適合離散系統（discrete systems），此處，全部的數值都被用來計算分子與分母。校長使用這些檢定來檢視每年參與課外社團活動的差異，檢視每個年級有多少學生加入社團。但是，發現差異歸發現差異，他並不知道爲何會有差異。他會使用質性方法（也許是對學生的非正式問卷調查）於需要的地方。

雖然公衛中心主任經常使用卡方檢定，但她知道這類分析法對她手上所擁有的大樣本相當敏感。她會先檢視*p*-值，然後再看差異的具體量。對她大部分的工作而言，瑣碎的差異量會因爲巨大樣本量而產生統計顯著性。

34

重要vs.差異——實質vs.統計顯著性

蒙眼盲目的統計
靈光一閃的洞見
人們判定其價值

Blindfolded statistics
A flash of insight
People determine worth

某事具有**統計上的顯著性**（statistically significant），並不一定意謂著它具有**實質上的**（substantively）重要性。也許存在氾濫的**統計檢定力**（statistical power）（即，發現差異的能力，下一章裡會談到）。當統計檢定力過多時，瑣碎並且對任何人都不具備實際意義的差異量，會表現出統計顯著性。反之，缺乏發現差異的必要檢定力，會讓實質的差異看起來不具有統計顯著性。這些議題，在可獲得的研究資源與想要發現的差異大小間取平衡。進一步而言，與大的**效果量**[12]（effect sizes）相比之下，小的**效果量**需要大的樣本量。效果量是差異的大小，並且同時考慮了平均數與變異測量值，像是標準差。許多的猜測與判斷，都在研究計畫的這個階段發生。猜測與判斷大致解釋了（或辯解），爲何如此多的報告具有似乎是（或正是）互相矛盾的結果。

此處，試著決定對選區居民而言至少是重要的差異量，是高中校長與公衛中心主任的重大議題。兩位研究者都試著訴諸全國性的指導方針或社區價值。校長說，輟學率5%以下才能獲得州政府獎勵；主任則強調，免疫接種率的上升可以拯救更多的生命。

校長與主任都在盡力做出看起來不那麼武斷的決定。校長知道他的聽眾想要看見孩子們在學校上課，並且得到低稅獎勵；而對主任而言，透過提高的疫苗接種率讓更多的人活著，是所有利害關係人都樂見的信息。

[12] 譯注：原本為了與變異數分析的「效果」區分，譯成「效力量」，後改為常用譯名，讀者可斟酌參考。

35

力量——檢定力

古老的智慧
數字的力量
統計學同意

Old wisdom
Strength in numbers
Statistics agree

統計檢定力（statistical power）是偵測眞實差異的能力，測量尺度從0到1。傳統上，研究者會把檢定力設爲0.80，這代表如果確實存在差異，會有80%的機率偵測到它，並且拒絕虛無假設。雖然有幾種操作能夠用來增加統計檢定力（例如：尋找較大的差異），取得較多的對象是比較常用的方法（即，增加樣本量）。有著過多的檢定力，會讓你冒著找到瑣碎差異的風險；有著過小的檢定力，會讓你冒著無法發現可能是重要眞實差異的風險。增加檢定力通常意謂著增加樣本量，也意謂著研究經費會快速地增加。因此，大部分的研究計畫都在尋找平衡點，並試圖在允許的資源範圍之下，找到具有實質意義的差異量。

高中校長與公衛中心主任在統計檢定力的立場上是對立的。高中校長需要的數據能夠輕易獲得，然而，榮譽班的學生人數可能只有8位這麼多，這些組過小，以致於統計無法產生什麼有意義的答案。校長會需要一整個正常班級的樣本量去支持合理的檢定力，以便在一個複雜的模型裡進行分析。

主任則有著大量的對象，所以過多統計檢定力的潛能是高的。憑著*p*-值，她可能找到瑣碎的差異量。這個議題解釋了爲何她需要全國性的指導方針，或其他標準來協助她決定一個有效的參考架構，並使用這個參考架構來判斷她的結果。檢定力把統計分析帶入了引人入勝且重要的紐帶。例如：在她的兒童免疫接種數據裡，每年有超過3.5（百萬）的兒童，有著是／否的結果。去年，幾乎整整87.10%的兒童有接種；今年，幾乎整整87.15%的兒童有接種，這表示增加了1750位兒童，並且具有統計顯著性於$p = 0.05$。然而，每1,000位只增加5位兒童，對她來講或對州裡許多其他利害關係者而言，似乎並不是一個什麼重大的進步。她的數據具有氾濫的檢定力，以致於不能單憑*p*-值就對政策下結論。

36 衝擊——效果量

衝擊的力量
是大或是小
詮釋其背景
大小被闡明

Impact large or small?
An interpretive context
Magnitude explained

你還記得在抽樣與樣本量的那個章節（第20章）裡，職業拳擊手要打斷一個人的鼻子，要有多大的樣本才能下判斷的問題嗎？**效果量**（effect size）是個值得考慮的重要議題。鼻子被揍之前的原本狀態，被拳擊手拳頭的衝擊給改變，這是可預期的。

但是，大部分的效果量不如上述極端例子那樣地大，許多都很細微，並需要巨大樣本量才能發掘。使用黏性繃帶一天，對皮膚的預期損傷會有多大？對一些敏感的人們而言，預期的損傷不小，但是，要有許多人的訊息才能估計隨機個體所遭受的風險，而非像職業拳擊手的範例那樣。再以就業保障為例：估計效果量所必要用到的數值（即，參數）與等式，經常需要來自於具有相關題材專業的統計學家的協助。能夠描述衝擊或差異的大小是底線。

高中校長知道，具有大效果量的項目能夠吸引眼球、上頭版頭條，並且獲得名聲。他尋找贏球50碼得分的學生、具有完美全國性測驗成績的學生，以及那些獲得常春藤盟校錄取的學生。減少自助餐廳的浪費所節省的資金，也許能夠用來聘請額外的職員或購買其他生活用品，但是去年3.7%的節約率，上不了頭條，也無法在其他方面幫助學校。儘管如此，節省下來的＄24,000，補足了州政府在圖書館與音樂教育方面減少的補助額度，並且還有剩餘。

公衛中心主任剛好處理完流感的爆發，效果量（在這個案例裡指的是：有多快、有多少人感染以及區域有多廣）剛好避開成爲流行病的標準，這眞的是令人鬆了一大口氣。部門冒著風險，超預算地執行流感疫苗接種，與所有資源都投入而流感還是爆發開來的情況相比，被控制住的爆發使得部門更有底氣去爭得來年的資金協助。

37 可能的範圍——信賴區間

這裡與那裡之間
絕大部分的時候
揭露出來很安全

Twixt here and there
Most of the time
Safety in disclosure

信賴區間（confidence intervals）用來呈現估計的可能範圍。通常，它們被設定爲研究重複時，有95%的機會，母數會落入區間當中。愈鬆的確定性會導致愈小的區間，但較不保證它能體現眞實，它們也被用來呈現效果量或關係強度的範圍。

每一種推論統計都能有信賴區間，而且大部分應該要有。信賴區間呈現估計可能是不正確的程度。它們能夠被用在平均數、相關係數、百分比以及所有其他種類的統計值之上。許多我們在日常生活當中所看見的統計值當中，也許只有全國性的問卷調查能給我們某種信賴區間測量值，像是上下3%。

高中校長與公衛中心主任在這個議題上又站在了對立面。校長不想要在統計報告上「負荷過重」，花太多時間對他的聽眾們呈現與討論技術性的解釋，因爲他們只想聚焦於爲何他的分數指出教育是成功的，但是大學與業界都在哀嘆高中教育的糟糕結果。他需要去面對這些問題，避免技術性的討論。

公衛中心主任知道，她的大部分聽眾想要並期待看見信賴區間。她的利害關係人長期以來一直在報告與座談會裡看見信賴區間。即使她的統計檢定力如此之大，以致於信賴區間相當的小，她仍然需要在報告裡呈現出來，當作標準程序。然而，令她感到有趣的是，她總是會用腳注解釋信賴區間重疊（或沒有重疊）模型裡的關鍵值（像是「0」或「1」），用來決定個別變項的統計顯著性，但信賴區間不應該被用來決定是否兩個變項有顯著差異，這是因爲會有兩組信賴區間有重疊但卻具有顯著差異的現象發生。已有其他檢定被設計用來完成這個目標。

38

關連——相關

雙人翩翩共起舞
快速旋轉並扭動
若即若離相依偎
耳聞相同音樂否？

Two people dance
They spin, twirl, more or less together
Do they hear the same music?

相關（correlations）很像成對協調的水上芭蕾。這涉入的兩人，能夠藉著表演相同或恰恰相反的動作，得到完美的分數。兩者之間是不同步的。相關測量兩個測量值步調一致的程度，從完全不同步的0，隨著它們愈來愈同步到接近1（動作一樣）或－1（動作相反）。愈接近0，它們彼此之間就愈獨立自主。通常，大約0.2的（絕對）值被視爲是乏力的，大約0.5被視爲是中度的，而大約0.8被視爲是有力的。相關具有兩個面向：力量與方向。我們總是想要知道兩者。

相關本身並不必然包含因果關係，這也是值得記住的觀點。相關評估數學關連的力量。相關不被考慮爲因果，因爲另外一個不同的、可能沒被測量的特徵，或許才是主因。身爲圓顱方趾的我們，經常過分地陳述或暗指因果關係，很容易不小心就把關連陳述爲想當然耳的因果。許多研究者付出了顏面掃地的代價，就是因爲把僅有的關連暗指爲因果關係。

高中校長檢視學科成績與許多其他變項之間的相關。他眞的想要了解，爲何高分學生並不總是那些看起來聰明，或在標準化測驗上表現最好的學生。最聰明的學生不是也應該得到最好的學科成績嗎？在學校成績系統與協助學校進行分班學習的標準化測驗之間，是不是還要再考慮智力與學習的哪些方面？這些問題已超出了他的數據與專業技巧所能闡述的範圍，但這個情況確實使他對標準化測驗的效度產生好奇。

公衛中心主任喜歡更一般總體的相關。她知道，她需要爲她的許多問題建立有一點複雜性的模型，而簡單的相關能夠協助架構與管理她的工作。例如：當她發現兒童身體質量指數與聲稱的疾病之間，存在實質重要的正相關（positive correlation）時，她知道體重較重的兒童需要更多的健康照護服務，但簡單的相關無法使她知道背後的原因。把體重和疾病以及與其有關的特徵，放在一個模型裡考慮，她了解較重的兒童會吃更多的速食，並且不能得到在家吃新鮮餐食所具有的營養，也暴露在更多人接觸的病毒環境裡。簡單地說，與在家吃飯的兒童相比之下，他們的小感冒不容易好，而且會併發更多嚴重的後果。

39

預測——多元迴歸

爲雲的形狀命名
尚有其他的雲朵
請問它名字爲何

Name the shape of a cloud
Have others, too
What is it?

預測、解釋以及「統計調節（statistical adjustment）」，通常由許多具體的多元迴歸（multiple regression）之一來達成。多元迴歸分析可以說是許多社會統計的骨幹，雖然多元迴歸已經演化出幾種特別的版本，所有形式都在評估直接與結合的關係，這關係存在於一個依變項與（通常）幾個同時考量的自變項之間，並且以數值的變化呈現出來。從藥物效力到海豚數量的問題，都可以透過多元迴歸分析來回答。在某處的某個學生實驗裡，透過多元迴歸分析來預測風會吹向哪裡，並不能說是錯誤的。

雖然多元迴歸使用多元自變項（因此造就了它的名稱），其特別案例背後的數學，卻以一些常見的統計爲基礎。例如：平均數——簡單的算術平均數——能夠在使用特別編碼的多元迴歸分析裡發現。其他常見的統計像是*t*-檢定，也是多元迴歸能夠被使用的特別案例。簡單地說，多元迴歸是個用途很多的工具，從檢定組別平均數的差異，到檢定不同組別的斜率（即，趨勢而非平均），都能發現多元迴歸分析的蹤影。技術是如此地具有彈性，以致於許多統計學家會先想到它，因爲它的模型具有很強的多功能力，並且有相關的統計軟體可以提供協助。

我們的兩位研究者都會執行不同形式的多元迴歸分析，幾乎是理所當然。高中校長會預測失敗的風險，並且會使用多重測量來這麼做。他把失敗操作成二分變項（即，是或否），並且使用邏輯迴歸。但他怎麼知道要使用邏輯迴歸分析？他在開始分析之前，諮詢了當地的統計學家。這個階段的錯誤，能夠使他的最終結果失效，不論其他事件被多謹慎地處理。他擁有二分依變項的這項事實，改變了問題被問與答的風景。他的統計學家會在研究計畫的幾個階段，以及寫報告時提供協助。

公衛中心主任會檢視具有不同特徵的人們在免疫接種率上的差異，她會使用較爲傳統的多元迴歸分析方法〔普通最小平方法（ordinary least squares）〕。她的接種率來自於幾個地區的平均，所以報告與分享數據不受個人隱私權法規的限制。如果她想要檢視某些受惠者與肺炎免疫接種（是／否，依變項）的可能性，她也會使用邏輯迴歸。在這種層級的細節與身分識別上，幾種法律限制了數據的可以或不可以使用。這些法律不會對「初犯者」寬容。

要雇用有相關經驗的統計學家，理由在於特定領域的法律議題以及研究主題的堅實知識。重大領域有其獨特的數據編碼方式，變項的蒐集、編碼與儲存原則會有差異。相同的是統計本身回答問題的取向，也就是，透過某種多元迴歸分析版本，達成重要議題被調合納入的機率觀點。

多元迴歸有關於模型如何地適切（fits）數據。有些人也許會說，感興趣的方向在於數據如何地適切模型。我主張數據就是本來面貌，而是模型要被評估。如果適合度很差，但是數據是完善的，那麼模型必須被調整而非數據；如果數據並不完善，它們一開始就不應該被使用。只有主任的公衛中心所屬機構（不是校長的），慣於聽見關於這些「適切」統計的結果。

多元迴歸模型告訴我們，擁有可接受的完善數據，自變項能多有效率地預測我們的依變項，或者，自變項被評估其中的變化與依變項數值變化一致的程度。這都要看感興趣的問題與被選擇來協助回答的統計值。多元迴歸能夠告訴我們，幾個變項與感興趣變項之間的相對關連量，我們能夠看見它們的信賴區間、*p*-值，以及其他我們即將去了解的統計值。

把多元迴歸完全分解開來看，就像是**多元相關**（multiple correlation）。我們最近才剛檢視過**二變量相關**（bivariate correlation，二個變項之間的相關）的例子。多元相關指出，一個變項（依變項）與其他一連串變項（自變項）之間的相關[13]。然而，多元迴歸相關係數沒有正號或負號的選擇，背後的數學使其都是正值。可以用詮釋二變量相關的方式，來解釋多元相關係數的強度。

[13] 譯注：指的就是多元迴歸R（Multiple R）。

40

豐富——多變量分析

風兒連同潮汐
船帆以及航向
海灣充滿色彩
隱形的天際線
記錄眼前一切

Wind, tide, sails, and heading
Colors fill the bay
An invisible line keeps score

複雜的問題需要複雜的模型，並且需要許多共變量[14]被闡述，這就是所謂的**多變量分析**（multivariate analysis）。此外，身爲社會的一員，我們厭惡（感謝上蒼）去實施眞實社會實驗。例如：爲了研究營養與其他環境因素，對成人品格與喜好的影響，刻意把剛出生的雙胞胎，分開至不同的地方養育，以便回答研究問題。我們不允許這類的實驗發生，也通常會抗拒任何類似的事情發生。由於道德的關係，我們很少會有起點平等的組別，而這是進行組別比較的最基本要求。因此，許多特徵的數值被蒐集，以便進行統計上的校正，進而可以爲組別比較進行辯護。

在立即使用許多變項的需求上，我們的兩位研究者面臨著些微不同的情況。當航行進入多變量海域時，每一位都有一些變項要考慮與平衡，海洋就變得有點寸步難行。大的差別（記住）在於，公衛中心主任有大量的統計檢定力，用來控制合理的混淆因素。高中校長就沒有這麼幸運了，他必須透過謹愼的計畫，使他的比較有意義。例如：他會盡可能在不同的班別裡，或不同的條件下，使用相同的學生，把他們自己本身當作參考架構。主任發現，控制她的利害關係人所認爲的重要特徵，不僅容易，而且在統計上是可行的。對她而言，她比較在意結果訊息的全面性，這些特徵對結果是否是重要的並不是首要考慮的問題。

---

[14] 譯注：共變數分析（ANCOVA）裡的共變量變項，比較像是依變項。

41 差異——*t*-檢定與變異數分析

平均數們
分道揚鑣
組別分開
重要差異

Departures in means
Separation in groups
The importance

大多數統計在平均數裡尋找組別差異，通常是算數平均數。一組裡，*t*-檢定經常被使用在兩個測量值之間的差異（配對），或兩組之間的差異（獨立），許多的統計軟體都有穩固性不錯的*t*-檢定，因此它是行動研究（action research）（即，局部問題上的局部研究）的支柱。這些檢定也會在一些很高風險的研究裡被發現。簡單與常用，並不意味著不值得在知名的領域裡使用。當應用得當時，簡單可以是精緻而有力的。

當測量或組別的數目增加時，平均數裡的差異檢定變得有點複雜，簡稱爲**變異數分析**（ANOVA）。在問題結構仍然不變的前提之下，在選擇的組別當中，是否存在平均數差異？改變在於，測量或同時被比較組別數目的增加。

對大多數普羅大眾能夠取得的研究報告而言，當超過一個測量值（除了配對*t*-檢定之外）或超過兩組時，在ANOVA類的統計技術當中，ANOVA是其中一種最常用的（也別忘了它的近親——多元迴歸）。實際上，*t*-檢定只不過是ANOVA的其中一種特別情形。另一種觀點是，ANOVA僅僅是*t*-檢定的更複雜版本。這些在此被描述的ANOVA情況，會在接下來的四大部分被討論，本章的剩餘部分將會討論獨立與相依（即，配對）*t*-檢定。

簡單的模型，像是*t*-檢定，分數或數值被假定能夠被合理地比較，而不進行統計上的調校。這個假定可以被延伸一點，但並不多。這就是這麼多的統計技術存在的理由：要容納不同的條件，並且要考慮組別之間是否彼此獨立，因爲這在統計或抽樣方法的選擇上，會造成很大的不同。

那麼，對*t*-檢定而言，我們看見兩種特色：一組兩個測量值，以及兩組一個測量值。第一種特色有幾個不同的名稱：相依配對以及單組*t*-檢定。第二種特色僅僅被稱爲獨立（或兩組）*t*-檢定。藉由平衡的研究設計，以及隨機分派組別，還有一些其他的控制，兩種*t*-檢定都能夠在統計上是有效的，並且是沒有偏見的有力盟友。

具有利益，是使用*t*-檢定的一個最大好處。它們被廣大的聽眾所認同，而這種熟悉度賦予它們默示的效度，讓它們具有對不同聽眾簡報的便利性。理由是這樣的：慣於閱讀研究報告，或偶爾閱讀業餘人士技術性文章的人們，都對這些檢定感到自在，並且知道它們應該怎樣被詮釋。詮釋是簡單的：一個統計上顯著的*t*-檢定，暗示兩組的平均數不同，所有其他條件都被視爲相等——ceteris paribus（假設其他條件不變）。

高中校長在大學求學時主修心理學，透過一系列的必修課程，熟稔了*t*-檢定與ANOVA。他發現，一系列的獨立與相依檢定，給他一個較好的整體輪廓，比只有一種選擇要好，那種優勢源自於這兩種檢定回答的是不同類的問題。對於獨立組別而言，他想要知道是否組別的特定差異與結果的差異有關。例如：同樣課程被兩位不同的教師教授上課，時間相同，隨機分派所組成的班級是相鄰的。兩班都讓隨機分派的學生，作答相同的測驗，如果這些學生的成績不同，就暗指差異來自於教師的影響，兩班之間的其他條件都被視爲是相等的（ceteris paribus）。因果關係可能藉由邏輯與好的研究設計而描繪出來，但討論關連的力量會安全點。我們已經見過，邏輯在統計裡是最弱的盟友。

高中校長想要知道，是否其中一班學生的分數高於另一班，他發現，其中一班學生的平均成績是B+，而另一班是B-，並且差異具有統計上的顯著性。自然地，他跟教師們談論關於他們的期望[15]與評分程序——統計在運作。他發現他們使用相同的測驗與評分標準。他感到有點挫折，因爲他仍然不知道是教師或是學生應該負起成績差異的責任。他先前曾在其他班級裡，像是法語榮譽班，檢視過這個問題，但是這種班級的學生，在智識上比起目前的情形要更一致，導致了一個相對簡單的解釋。這次，他看出，高分班開班的時候就在汽車販售店開始的期間（這暗示了學生的社經差異），並且想要檢定看看是

---

[15] 譯注：教室裡的畢馬龍效應（Pygmalion effect），譯者的另一本譯作《一位耶魯大學教授的統計箴言》裡，有詳盡的討論。

否是學生的差異造成了成績的差異。

公衛中心主任的研究方向包含生物統計學，這比較會用到各種的多元迴歸（稍早所提），而非ANOVA或*t*-檢定。面對這麼多種類的檢定，她將會需要協助。她學到ANOVA的一個方面，似乎在當下很重要並且值得記住：統計軟體所使用的預設誤差項（error terms），幾乎是她的工作所不需要的誤差項。當她讓統計軟體執行其預設值時，她幾乎能夠保證結果是錯的。她發誓不管何時，只要需要把ANOVA、*t*-檢定排除在外時，身邊都要有一位統計學家。它們的簡化性質，使得它們對研究者與聽眾們更具有親和力。

41-A

ANOVA

三個或更多
起跑點相同
終點一樣嗎？

Three or more
Even start
Even end?

多於兩個組，並且沒有「偏袒的」條件需要被「校正」，所以組別能夠被合理地比較，就可以直接使用傳統變異數分析（analysis of variance，ANOVA）。換句話說，組別一開始就具有足夠的相等性，爲稍後在那曾經相等的特徵上，提供比較的正當性。記住，偏袒的條件通常是合理的混淆因素，在組別比較的時候需要納入統計，這樣才能爲一開始就不平等的組別進行合理的比較。可能的話，多努力一點，安排好研究計畫的情況，讓統計校正變得不需要，或至少不要太多。

剛剛提到的傳統ANOVA就像是多次的t-檢定。爲何不應該同時執行幾個t-檢定？因爲多重比較會使可接受的錯誤率偏離正確的位置，因此，需要ANOVA。

高中校長在想，是否現存的三個連續午餐時段，影響了學生的營養攝取，並且可以從年度結束時學生的平均身高上看出來。通常，學校自助餐廳在第二輪用餐時間快要結束時，會有一些菜無法再上。學生在年初就被隨機分派至午餐時段，他們的身高被測量，而三個時段的平均身高都一樣。年尾的時候再測量一次身高。只要有適合的統計檢定力，年尾的差異就姑且與午餐時段有關。

公衛中心主任通常都會有「起點差異」。唯一會使用傳統ANOVA的時機，是有關於公眾健康服務，像是小兒疫苗接種，這是所有兒童都應該要接受的服務。這些服務都有表面效度（face validity），這幫助了她的聽眾群。

41-B

ANCOVA

多位的參與者
卸下甲板的貨
就此一言爲定

Multiple players
Unstack the deck
Now deal

共變數分析（analysis of covariance, ANCOVA），藉由允許共變量的使用——如果沒有作爲共變量來納入統計，就會產生混淆作用——來擴展ANOVA的用處。

延伸先前提到的高中校長範例，如果被分派至三個午餐時段的學生，在年初時就具有不同的平均身高呢？每位學生的年初身高會被用來調校年尾身高的差異。在統計術語裡，年初身高會被用來控制或校正年尾身高的差異，因爲年尾身高的差異可能歸因於一開始的身高差異。年初身高會被用來作爲共變量。甲板被卸重了。

你有認眞聽嗎？ANOVA到ANCOVA。ANCOVA使用共變量，它是控制起點不平等共變量的共變數分析。這樣說有道理，但仍然有許多需要消化。

實務上，高中校長的數據具有太少的統計檢定力，以致於只能容納一個共變量，除了像是低年級與高年級這樣，每個年級有大約400位學生的狀況。公衛中心主任在可以獲得醫護專業人員的測量上，會使用共變量。她知道，每平方哩所需要的專業人員數，會有城市或鄉村的差異，所以當她檢視城市對照鄉村區域時，她需要控制人口稠密度。她不想把人口稠密度與不同需求的議題，混淆在一起。

到目前爲止，我們只使用一個依變項，這不同於即將要探討的MANOVA，要同時分析多個依變項。

41-C

MANOVA

不只一種測量
多於兩個組別
所需的預算大

More than one measure
More than two groups
Big budget

多變量變異數分析（multiple analysis of variance, MANOVA）是ANOVA的擴張版，但與ANOVA擴張至ANCOVA有點不一樣，它加入回答問題所需的其他測量值，而非加入共變量。（通常是）一個分組變項作爲自變項，而有多個依變項，是MANOVA要闡述的問題，這其中不包含共變量。回到之前午餐時段之間的身高差異問題，校長會問：三個午餐時段同時對身高與體重產生效果嗎？擴大之前的身高問題，我們現在詢問身高與體重並且是同時。這屬於MANOVA領域，多個組別，多種測量值。

由於統計檢定力的關係，高中校長沒有多少機會能夠使用MANOVA。他能夠使用他的午餐時段數據，但問題一點也不令人感到好奇。由於空間不足，他必須維持目前的午餐時段，而購買更多的食材已經超出了目前的預算。看著他所擁有的數據，他可能會要求把午餐預算挪一點到後面的時段。

公衛中心主任也不怎麼使用MANOVA，但理由不同。她發現，呈現單一聚集分數的依變項，是她的聽眾群所喜歡的樣態。她有許多方式來形塑那種分數，像是因素分析（factor analysis）（第45章會談到）。就如同許多處理大數據與多重測量的人們一樣，她發現「簡化、簡化、再簡化」是三條有用的守則。她會把各種兒童免疫接種數據結合成一個測量值，而非分別使用個別的測量值，因爲一個分數比較易於探討。

41-D

MANCOVA

多種的測量
多個的組別
多重的控制碼頭的盡頭

Multiple measures
Multiple groups and controls
End of the pier

多變量共變數分析（multiple analysis of covariance, MANCOVA），是ANOVA碼頭的盡頭——並且是一條眞正的安全帶勒緊器，它闡述的問題是不同組別在多個依變項上的差異，並且同時容納需要被控制的特徵（共變量）。例如：三個午餐時段裡的學生，同時在身高與體重上的差異，事先控制住起點特徵的差異，以及在家吃與離家吃的營養差異。不同的起點條件是，三個午餐時段學生的年初身高與體重的差別。公衛中心主任可以研究，免疫接種率與糖尿病眼睛檢查率的族群差異，控制的是郵遞區號下獲得服務的機會，以及平均收入。這些模型的基礎最好要相當穩固。

實務上，高中校長與公衛中心主任，都不會接近這種特別的統計技術——同時的依變項與自變項，尋找組別差異時又控制著起點差異。如果MANCOVA的假設基礎與相關的策略訊息像薄冰一樣地脆弱，那麼MANCOVA本身就岌岌可危。認眞考慮假設與數據條件，在這些模型裡，有幾處會發生問題。所有的數學與電腦以及軟體可能會就定位，但是數據通常不會，至少不會是它們被需要的樣子。大樣本分配就是被需要的樣態，以滿足基本模型的假設。在統計證明上，這不能被漠視，這也就是爲何MANCOVA在實際生活條件下很少見。儘管如此，當一切就緒時，MANCOVA能夠告訴政策制定者，關於複雜系統的訊息，而這是更簡單的統計技術所做不到的。

42 要緊的差異——區別分析

多變量變異數分析
上下顛倒過來
或者左右交換
識別何種差異

MANOVA upside down
Or left switched with right
Which differences separate?

區別分析（discriminant analysis）詢問的問題，剛好與MANOVA相反，是硬幣的反面，它採用依變項的會員資格，來尋找其**預測因子**（predictors）（一個並不必然包含因果關係的術語，常常會被誤解）。區別分析能夠呈現組別會員資格與其他特徵之間的關連強度，像是許多不同的人口統計學與環境方面的特徵。這些關連強度以一系列的係數呈現出來，數值指出每個變項在選擇組別會員資格上的相對力量。對於其他依賴幾種測量值的複雜模型而言，要小心結果，認眞思考數據的結構與完整性，並且尋求其他研究裡，對關鍵議題的複製結果。如同MANOVA，區別分析是複雜的模型，需要謹愼思考其建造過程，以及其結果的詮釋。

儘管謹愼是必須的，我們的兩位研究者都會進行區別分析。校長想要知道，哪些特徵可能預測處於風險中的學生會不會失敗並輟學，所以要執行有效介入的策略。先前的成功與失敗，被用來「鍛鍊」區別分析的模型，並開始目前的分析。他會把新學生的數據，輸入用先前學生的資料所導出的公式，只要重要特徵被適當地指定，且保持一定程度的穩定，學生的輟學風險就能夠被預測。

如我們所知，主任對兒童與老人免疫接種率相當感興趣。之前，她尋找像是投票陣營間的平均免疫接種率差異；現在，她要看看那些投票陣營遍及她所屬的州的程度，並且在影響政策改變的方向舵上，提供怎樣的力量。

43 兩邊都一大堆——典型共變數分析

多種測量
什麼都多
如何相關？

Multiple measures
Multiple everything
Related how?

典型共變數分析（canonical covariance analysis），同時分析多個依變項與多個自變項之間的關連，很像MANCOVA。然而，典型共變數分析看的是所有依變項與所有自變項之間的相關，而非平均數差異。它產生每一個變項的最佳加權係數，以使兩「邊」（依變項與自變項）之間的相關最大化。有些統計學家，或許除了讀研期間外，終其一生都不需（或不想？）用到典型共變數分析。這些模型通常都相當大，並且充斥著許多假設。事實上，它們充斥著如此多的變項與假設，以致於在如何檢定基本假設有被充分滿足這方面，沒有什麼共識。此外，還需要相當大的樣本來穩定整個模型，這一個需求往往超出了許多研究者所能獲取的研究資源。

當然，我們的兩位研究者都不怎麼會用到典型共變數分析。儘管如此，在結構良好與變項被適當測量的大數據裡，這些模型能夠解讀複雜的系統，協助政策的決定，而這是簡單比較所無法做到的。記住，較小的模型通常忽略重大的潛在混淆因素。再次謝天謝地，我們這個社會不允許在人類身上進行嚴格控制下的實驗，所以我們在自然環境下進行類實驗（quasi-experiments）研究，並且試著控制我們發現的系統性狀況。如果差異是隨機分配的，它們可能會降低我們估計的準確度，但不會一定導致偏誤的估計（即，使預先有錯誤地高或低的傾向）。需要複雜的模型，爲無偏誤結果的合理比較，做出所有必要的調校，而典型共變數分析在做出調校這方面是靈活變通的。

44

巢套——階層模型

宗族裡面
核心家庭
享用晚餐

Within the clan
Nuclear families
Have dinner.

當分析的對象被包含在另一組裡的情況存在時（例如：醫生組裡的病人、特定教師課程裡的學生或工廠裡的引擎），我們使用**巢套分析**（nested analysis）。忽略巢套現象，會對自我與名譽造成不可計量的損害，甚至是科學本身。巢套通常是一個複雜不好處理的議題，但它仍然應該被完善地處理。

組別行爲會比較像它們自己，而非隨機揀選的個體，這是個燙手山芋。有時候，組別效果是感興趣的標的；有時候（並且很常），它是需要被設法納入統計模型的合理混淆因素。

從巢套而來的統計效果，大到無法被忽略時，統計學家就會認爲他們正在處理一個巢套模型。專門名詞與挫折似乎都會急速地增加。

高中校長與公衛中心主任，都會尋求統計學家的協助，試著盡可能地調和他們的巢套問題。統計學家所面對的挑戰在於，沒有指南可以協助判斷是否問題很小可以不用理它，或問題很大以致於無法被忽略。這對統計學家而言並不好玩，因爲他們可能相信，來自於巢套的衝擊太大以致於不能被忽略。語言也是一個問題。當統計學家需要支持一個觀點時，語言會很快變得過度地專業化。當兩方都沒有同樣的溝通基礎時，結果注定會不幸地朝向一邊傾斜。

45 凝聚力——因素分析

彼此的身分是親戚
很多方面是分開的
鐵青色的眼睛相遇

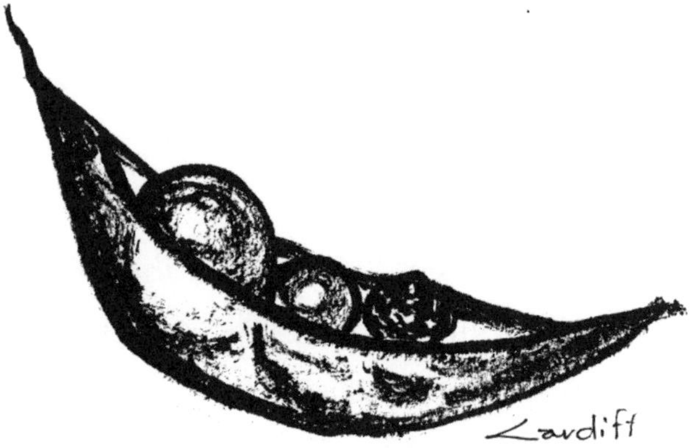

Relatives
Split many ways
Steel-blue eyes join

因素分析（factor analysis）減少了分析中的變項數目，而它能夠以很多方式來這樣做，每一種方式都意謂著與其他方式有些微的差異。首先，因素分析能夠呈現變項彼此之間是可行代理的程度，也因此或多或少累贅的程度。因素分析也能夠呈現出潛在的結構，因爲同組的問卷題項會「掛」在一起。因素分析存在許多種類，但不管是什麼種類，因素分析企圖去減少變項的數目，把原本變項之間的共通性提煉出來，轉換成最精簡的樣態，並且符合理論所建議應該表現出來的基本特徵。存在這麼多種類的因素分析，是因爲人們對複雜多元的問題，有著許多不同的看法。數學提供了許多的選擇，而在因素分析裡，統計學家似乎要把它們列隊受檢。經驗告訴我們，大部分統計學家的書架上，至少會有幾本關於因素分析的書籍，我不確定這些書是拿來協助分析用的，或只是代表了上這門課的勇氣。不論何種理由，都已經夠好了。

因素分析經常被用來檢視潛在特徵（latent traits）——那些沒辦法被直接測量的特性，像是數學知識，以及只能從測驗表現或其他行爲觀察所推論的特質。分析的結構表現出項目如何以令人感興趣的方式團結在一起，然而，因素分析只能夠呈現從原本變項洗牌而來的訊息內容。熟稔變項（或項目）的人們，需要干預並解釋因素分析如何以及何處才是合理與不合理。這最後的部分，點出不合理的地方，能夠維護個人職涯名譽，它也是期刊文章裡致謝名單那麼長的起因，因爲要感謝很多在之前的草稿上提供評論的人們。

因素分析也被用來減少測量題項的數目。當加入一個題項只得到很少新的訊息時，那麼此時的分析就凸顯了重複性，所以其中一個題項就可以被移除。其他類型的**項目分析**（item analysis，使用題項之間的相關，以及題項上的敘述性統計），幫助決定何者題項應該或不應該保留。就某種意義上而言，因素分析與項目分析有著共同的觀點，它們都在尋找足以抓住一大堆項目或變項精髓的最簡約項目或變項。

因素分析還可以在複雜的系統裡，把幾種測量值聚集在一起，變成一個分數。第一個因素通常爲了這個目標而被使用，它是主題上多重來源訊息最佳的整體單一校準。例如：工業界裡的品質測量，第一個因素代表了任何公司在整體測量上的最佳表現，自動校準了被組裡成員更常或更少達到的測量。

我們的兩位研究者，都可能爲了先前提到的理由而使用因素分析。高中校長需要整體的學術成就測量值，因素分析會爲一些學生評分進行調校，因爲他們有選修評分較爲嚴格課程的傾向。公衛中心主任需要因素分析來決定一些代表公眾整體健康的分數，因素分析特別獎勵在困難測量（與每個人都表現良好的測量相比）上，表現好的公眾，反之亦然——因素分析會懲罰在大多數人都表現良好的測量上，表現差的公眾。

因素分析幾乎都需要統計學家的服務。雖然統計軟體能夠很容易地讓幾乎每一個人都能得到一個答案，但大部分人想要的是正確的答案。記住，選擇多到令人難以置信，有著這麼多的選擇，把它們想成是選擇的權利。很顯然地，要從這個方法而來的結果提煉出意義，有很多要考量的。我們不知道什麼是我們所不知道的，端看我們要不要與統計學家一起費勁地大量閱讀這些信息，以便能夠更好地理解研究發現。方法會影響結果，有著這麼多的方法，必定會有同樣多的可能結果呈現出來。

我們很快來到一個統計學家要放輕腳步的地方。面對這麼多似乎對日常生活數據施予魔法的假設，我們眞的要相信有著這些假設的模型嗎？在揀選、減少以及捕捉訊息內容上，因素分析似乎好到有點不眞實，不貼切現實面。

從某些意義上而言，它確實如此。因爲執行因素分析的方式很多，而結果也能夠很不一樣，一些統計學家只停留在這類統計技術的最常規方法所產出的發現。可疑的是，這種情況是否含有混淆作用。有多少是由於方法的特定性，而有多少是重要且穩固的？那才是不折不扣地理解了因素分析，並且減少了維度（變項、項目等等）。

46 有序的事件——路徑分析

使用事件地圖
呈現彼此關係
主事者的路標

A map of events
Relationships shown
The governor signs

路徑圖（path diagrams）〔用於**路徑分析**（path analysis）〕，能夠支持因果推論，因爲它們有包容不同時期[16]的能力，它們也能夠以相當「乾淨俐落」的形式，呈現複雜的關係，以及各種關係之間的力量。它們最大的弱點在於它們是模型。在社會系統裡，用有效的數據來捕捉複雜的關係很困難。另外，路徑分析一般會併入幾個變項，所以大樣本通常是需要的。儘管如此，路徑分析模型具有吸引眼球的外觀，它們哭喊著簡約性。許多年來，期刊一直很喜歡它們，許多人仍然如此。

我們的兩位研究者，使用路徑分析於報告裡的意圖是一致的。他們喜歡衝擊影響力，而這種分析把關係解析成一塊塊策略－相關的團，團代表著容易分辨的組別與特徵。路徑分析模型盡可能地像地圖清楚呈現街廓那樣地呈現關係，雖然一些模型有著你不會想要在地圖上看見的路徑。

高中校長一直以來都被董事會要求建立一個大學入學模型，這個模型的基礎包含成績、標準化測驗分數、課程的水平，以及一些其他的學生特質與學校經驗。公衛中心主任想要建立她州裡跨團體的兒童免疫接種模型，基礎有背景、特徵，以及使用情況。路徑分析應該都能夠滿足他們的需求。

研究者一直以不同的方向詢問同樣的問題。這是統計本質的一部分，就像從西方描述一間房子的景色，一定不同於從東方的描述，而購買者想要看見的是全景。

---

[16] 譯注：原因在結果之前。

47 挖得更深——結構方程模式

既是路徑分析
亦有潛在特徵
帶來更多洞見

Path analysis
Latent traits, too
More insights

結構方程模式[17]（structural equation modeling）是路徑分析與因素分析的結合體。現在，潛在特徵像是數學能力，或是成爲一位順從病人的傾向，能夠被模型化，並且同時具有路徑分析與因素分析的優點。結構方程模式也能夠容納巢套（即，階層或分組）數據，但要把它們描繪在二維的紙上會有困難。理智上，它們是吸引人的模型；圖形上，它們可以是嚇人的。從統計估計的立場而言，它們可以出現一系列的問題，建議準備多一點的預算尋求統計上的協助。

此外，結構方程模式擁有它的雙親所具有的所有弱點。它們依靠許多假設，一些可以檢驗，一些無法，它們似乎對微小的改變很敏感。但是，一旦做好它們，可以爲政策制定者、高中校長、公衛中心主任以及對複雜系統的運作有興趣的人們，帶來重要的洞見。

結構方程模式並不常用，離碼頭很遙遠。它們不常在學術刊物以外的地方被看見，所以我們的兩位研究者沒什麼執行它們的興趣。他們的顧客群對它們一點也不習慣，所以需要向這些聽眾舉辦大量的研習教育。這種研習教育通常會使他們分心，無法專注於報告的主要訊息。所以不管是高中校長或公衛中心主任，都不會去估算一個結構方程模式。

[17] 譯注：原本為了避免「方程」二字可能導致的誤會，譯成「結構等式模型」，後改為常用譯名，譯者可斟酌參考。

先將校長與主任的意圖擺一邊，執行良好的結構方程模式，能夠凸顯重要的與方針切題的發現，而這些是其他統計技術所忽視的。雖然我們的兩位研究者都不使用結構方程模式，但是前人走過所留下的軌跡，確實提升了我們對某些複雜環境的理解度。

48

豐沛——大數據

所有一粒粒細砂
在全部現存海灘
這才只是剛開始

All the grains of sand
On all existing beaches
Just the beginning

與時俱進，數據從徒手蒐集與紙筆標記，進展到大批交織的訊息。從行銷到較不透明的政府利益，在個人事件以及許多領域上的數據，以史無前例的量被蒐集與挖出。因爲統計檢定力超大的關係，即使是瑣碎的效果量，也能夠具有高度的統計顯著性。簡言之，大數據的入場，宣告了效果量與*p*-值被統治的命運。當*p*-值不再適合其意圖目標時，它們對統計過程而言，就不再具有價值，雖然它們可能需要被提到，但只是用來滿足那些沒有*p*-值就不知道怎麼詮釋其工作的人們。

這種能夠被用來模型化任何指定主題的數據量，簡直就是大到讓許多研究者幾乎無法處理最基本的設計。現今，數據的獲得、儲存以及取回的速度，已經超過了在合理時間內處理數據的能力。隨著新的和更好的處理器誕生，更多可得的數據就會變得可以被使用，雖然這些數據侵犯個人隱私的程度仍然有待觀察。

高中校長知道關於大數據的情形，但那種情況對他而言並不存在，他可以輕易地處理任何他著手計畫的所有數據。

公衛中心主任則再次發現她處於對立面。去年，她的數據包含800多種全國公衛活動測量值，她的統計課程並沒有教她如何處理800多種潛在的依變項——或自變項。一年又一年，她發現數據量變得愈來愈多，有如身處在愈來愈深的海裡，手中能用來求生的工具卻愈來愈少，不知該怎麼處理這麼龐大又複雜的數據。即使是她的統計學家，都告訴她有其他的專家能提供建議。

49 缺乏——小數據

沒多少在盤子上
般切期盼有更多
一定得靠盤中物

Not much on the plate
Was looking forward to more
Must live on what's there

就本質而言，並沒有多少缺失數據，缺的比較多的是案例。統計模型需要不同數目的案例來變得穩固（即，產生穩固估計值）。有時候，那些數目可以相當大——大於建立一個完善模型可獲得的數目。與其放棄，統計學家轉而發展一連串利用時間趨勢的方法來穩定判斷，先從線性趨勢開始。

線性趨勢移除了圖形上被懷疑可能是小數據的反彈球效應。從一個策略－實用性的觀點而言，移除一些上上下下的噪值（noise），能夠幫助發展一個更好的數據觀。在一些案例裡，非線性趨勢也能夠證實有用，雖然它們比較難以合身與解釋。

有時候，分組被用來增加子分析可獲得的案例數。雖然發現會較不細緻，但估計通常會比較穩定，而且模型也會比較穩固。

理解小數據有一件很重要的事，那就是效果量需要大一點才能達到統計顯著性。小數據同大數據一樣，都需要注意變項間的理論關係，以及隨著時間所產生的變化。方法可能會改變，但實質背景的重要性保持不變。

高中校長通常會有小數據的情況。當研究他的學校要邁向成功的決定因子時，他似乎不能穩定學生巢套於老師之下的模型。頂尖班級的學生數通常太少，補救教學的班級也是同樣的情況。因此他決定把同一位老師所教的所有學生聚集在一起，不管學科或成績水準。他已經耳聞，有些老師似乎會影響學生，無論主題或成績——而他想要了解這件事的眞實性可能有多大。

公衛中心主任在她目前的工作裡，只會在像是雷擊、被鯊魚咬傷、熱帶疾病這類事件上，看見小數據。

50

瑣碎——修改與新技術

像這樣捻弄
一直在變化
持續改進中

Twisted like so
Transformation
Improvement

統計學家一直在精煉他們的模型以及他們的技術，這就是統計之所以成爲現在這個樣子的原因。跟上統計的最新發展，已經超越了一份全職工作的工作量。然而，統計的改進有助於更好地回答我們所面對的困難問題，這些問題有關於人們所深刻關切的議題。

統計依靠假設與數學。統計裡的觀念與價值，端看它們能夠如何協助處理能改變人們生活的重要議題。記住，統計需要一個背景。記住它們的限制，以及我們希望它們給予我們的更好答案會在哪裡。

所以，提出新的修改，以新的技術和更好的方法來處理巢套與其他複雜議題。爲何？大部分的人，包含統計學家，很可能從來不會有這方面的需要。通常，修改愈特定，使用的限制就愈多，但是那些眞正需要它們的人，也會得到更好的答案。那些更好的答案，能夠讓政策制定者更加了解情況，所以他們能夠做出更好的決定。統計的工作在於做出盡可能對的猜測。如果這個世界確實被一些統計所影響，那些統計應該盡可能地正確與有益。因爲修改或多或少協助了這個過程，所以多點技術總比手上無兵可用要好。

當你開始走上新的理解道路時，記住要有懷疑精神，並且不時地翻開石頭尋找灰塵。統計是奠基於假設的機率式答案。先問：答案合理嗎？這個問題並不是絕對可靠的眞理探測器，但它可以導引我們嗅出不好的統計，並認出（並且更好地了解）好的。

51 後記

長久在反思
一傷人之舉
幾乎無所獲
且覆水難收

Long reflect
On a hurtful act
Where little is gained
And you cannot take it back

我們在統計的世界裡，付出代價而看見秩序，那個代價就是確定性。不可思議的是，表面上的損失帶來的好處是巨大的。我們並不需要知道如何做統計，但我們現在卻更清楚地了解它們爲何以及如何會是錯的。同樣重要地，我們也知道統計爲何以及如何更常是正確的。要把這種新的覺知轉換到模式與趨勢的直覺性理解，我們需要研究、練習，以及反省。

一旦我們內化這種不確定性，我們就知道以絕對語氣寫下會引起分歧的結論是不公正的。我們想要看見研究的弱點被釐清。我們的道德標準似乎與增加的統計學知識步調一致。在發出可能會傷害他人感情的聲明之前，我們需要更堅實的基礎。

接著，我們在報告範圍更廣的研究議題時，會變得更加注重道德層面。我們可能會質疑方法的特定性、統計技術或關於數據的假設。我們想到，處理不同議題的模式與趨勢，如何地過於完美以致於有點不太眞實。

最後，我們不得不看見過度陳述的發現，或似乎沒有被報告的統計所支持的主張。到那時，我們來到了理解統計的分歧路口。如果我們想要眞的了解，報告忠實呈現統計結果的程度，那麼知曉背後的數學是有必要的。誠然，我們有著沒有數學的直覺，就能夠察覺可能有問題存在。甚至，我們的直覺或許還經常是正確的。然而，只有透過數學，我們才能夠替自己算出比較接近可能的答案，並且對那些結果的力量與限制有著更深的理解。

此時，一些人可能會花時間來學數學，而其他人會想要知道更多與被討論主題有關的二三事。兩種路徑都離分歧路口愈來愈遠。

對那些選擇數學與公式路徑的人們而言，理解到達了一個全新的層次。他們的直覺會被更精煉的議題知識所引導，而這些議題對模型與統計結果相當緊要。

所有這些都帶領我們回到一個簡單的事實，那就是一個主題的複雜知識是比較好的預測基礎，總比隨機亂猜要好。請記住，硬幣、骰子以及卡片，幫助建立了數學與經濟學〔即，博奕（gambling）〕之間的連結。在建立背後的數學是可靠的期望上，這種融合扮演了一個重要的角色。賭的是金錢。

與時俱進，問題變得更複雜，並且與社會或其他困難的議題有關。等式裡的未知數以一種驚人的速度不斷增加著。簡約原則與想要解釋更多的變異以達到更準確的預測，彼此之間互相拉扯著。模型成長、改變，以便適應理論的改變以及演化的數學根基。

要看見統計之道在運作，請觀察一位統計學家的臉部表情。他正成功地交織起關連，或在新的方面發掘出差異，知識因此誕生，新的問題被提出。對許多統計學家而言，當他們看出下一步可能往哪裡走時，臉上的一抹微笑也暗示了他們所產生的洞見。

高高一大疊假設
配備知識與直覺
雖然可能會犯錯
別與統計學家賭

With assumptions piled high
Armed with knowledge and intuition
Although mistakes can be made
Don't wager against a statistician

致親愛的讀者

大家讀完後，對統計學的核心概念已經有了初步的了解和認識，建議可以稍微沉澱之後，再讀一遍，從第一遍的似懂非懂，到第二遍的茅塞頓開，相信會是非常過癮的！

各位在著迷於品味水墨畫和詩句時，肯定有些想法繚繞在心頭，如果您感嘆自己文思泉湧卻無處抒發，才氣過人卻鮮爲人知，伯樂還沒遇見，心肝都捶痛了，怎麼辦呢？各位騷人墨客，五南聽見了您的心聲，來吧，盡情展現您的才華，一起來改寫詩句吧！

活動辦法

- 請自由選擇「書中」的20首詩，運用統計學詩人的精神，發揮創意和文采，重新改寫詮釋，並投稿至本書專用報名連結。
- 將由專家學者們做評審，專業的評價改寫後的詩句是否有正確解釋統計學的概念以及其可讀性。
- 最終挑選五名贈送五南暢銷統計學書籍兩冊！

活動時間

即日起至2020年3月30日，結果將公布於粉絲專頁「五南讀書趣」。

優渥獎品

《34個讓你豁然開朗的統計學小故事》
《一位耶魯大學教授的統計箴言》

報名管道

https://forms.gle/fVEmA8RncRLt5sYq7

五南圖書出版保有活動最終解釋權

博雅科普 025

如果李白來上統計學

每天五分鐘，用詩畫參透統計學的核心概念

The Tao of Statistics: A Path to Understanding (With No Math)

作　　者　Dana K. Keller
譯　　者　杜炳倫
發 行 人　楊榮川
總 經 理　楊士清
總 編 輯　楊秀麗
副總編輯　張毓芬
責任編輯　紀易慧
封面設計　芳華齋
內文插畫　Helen Cardiff
文字校對　黃志誠、黃嘉琪
出 版 者　五南圖書出版股份有限公司
地　　址　106台北市大安區和平東路二段339號4樓
電　　話　（02）2705-5066　傳　眞（02）2706-6100
劃撥帳號　01068953
戶　　名　五南圖書出版股份有限公司
網　　址　http://www.wunan.com.tw
電子郵件　wunan@wunan.com.tw
法律顧問　林勝安律師事務所　林勝安律師
出版日期　2019年11月初版一刷
定　　價　新臺幣350元

國家圖書館出版品預行編目資料

如果李白來上統計學：每天五分鐘，用詩畫參透統計學的核心概念／Dana K. Keller著；杜炳倫譯. -- 初版. -- 臺北市：五南, 2019.11
面；　公分. --（博雅科普；25）
譯自:The tao of statistics : a path to understanding (with no math)
ISBN 978-957-763-684-3(平裝)
1.統計學
510　　108015924